OS OLHOS DA

DESCOBRINDO
DEUS
ESCONDIDO
NO MUNDO

ROBSON RODOVALHO

OS OLHOS DA

fé

DESCOBRINDO
DEUS
ESCONDIDO
NO MUNDO

Vida

© 2019, Robson Rodovalho

Editora Vida
Rua Conde de Sarzedas, 246 – Liberdade
CEP 01512-070 – São Paulo, SP
Tel.: 0 xx 11 2618 7000
atendimento@editoravida.com.br
www.editoravida.com.br

Todos os direitos desta obra reservados por Editora Vida.

Proibida a reprodução por quaisquer meios, salvo em breves citações, com indicação da fonte.

Todos os grifos são do autor.

Editor responsável: Gisele Romão da Cruz
Editor-assistente: Marcelo Martins
Preparação: Marcos Gois e Magno Paganelli
Revisão de provas: Bruno Reis, Tatiana Ribeiro e Josemar de Souza Pinto
Projeto gráfico e diagramação: Luciana Di Iorio
Capa: Gilvando Maciel

Scripture quotations taken from Bíblia Sagrada, Nova Versão Internacional, NVI®.
Copyright © 1993, 2000, 2011 Biblica Inc.
Used by permission.
All rights reserved worldwide.
Edição publicada por Editora Vida, salvo indicação em contrário.

Todas as citações bíblicas e de terceiros foram adaptadas segundo o Acordo Ortográfico da Língua Portuguesa, assinado em 1990, em vigor desde janeiro de 2009.

1. edição: jun. 2019

Dados Internacionais de Catalogação na Publicação (CIP)
(Câmara Brasileira do Livro, SP, Brasil)

Rodovalho, Robson
   Os olhos da fé : descobrindo Deus escondido no mundo / Robson Rodovalho. -- 1. ed. -- São Paulo : Editora Vida, 2019.

   ISBN 978-85-383-0402-9

   1. Confiança em Deus 2. Crescimento espiritual 3. Cristianismo 4. Fé 5. Vida cristã I. Título.

19-26950   CDD-248.4

Índices para catálogo sistemático:
1. Fé : Vida cristã : Cristianismo 248.4
Maria Alice Ferreira - Bibliotecária - CRB-8/7964

Sumário

Introdução 7

Capítulo 1
Ao acionar a fé, acionamos o mundo espiritual 9

Capítulo 2
A lógica da fé 17

Capítulo 3
Por que a fé? 31

Capítulo 4
A oração de Jesus 49

Capítulo 5
A condição para o milagre 61

Capítulo 6
Milagre: ação divina e integração humana 71

Capítulo 7
O poder de Deus em ação 83

Capítulo 8
Os planos de Deus para alcançarmos a plenitude 95

Capítulo 9
A pregaçao da fé libera o Espírito do Senhor 109

Capítulo 10
A fé que nos faz perseverar 117

Capítulo 11
O pai da fé 127

Sobre o autor 141

Introdução

A fé é a ferramenta indispensável para a vida do cristão. Apenas por intermédio dela é possível conquistar uma vida de vitória.

Descubra nesta obra como obter vitórias e andar em fé, dia após dia, e como não se deixar enganar por argumentações que minam a fé.

É maravilhoso entender que Deus nos quer como seus parceiros em todas as realizações que ele deseja operar ainda hoje. Infelizmente, nem todos os cristãos têm a dimensão de sua importância no processo da manifestação do poder de Deus na terra.

Quantas vezes ficamos esperando por Deus enquanto ele está aguardando apenas uma decisão ou uma posição do ser humano para intervir e transformar a vida dele.

Meu desejo é que você seja despertado por meio deste livro e que sua vida tome uma nova dimensão de fé e segurança na manifestação e no poder de Deus.

Cada vez que você faz uma opção, está transformando sua essência em alguma coisa um pouco diferente do que era antes.

C. S. Lewis

Capítulo 1

Ao acionar a fé, acionamos
o mundo espiritual

Se eu perguntasse a você como imagina Deus em um desenho, em qual imagem pensaria? Há pessoas que pensam em Deus como um homem de barba e cabelos brancos. Há outras que pensam em Deus como algo em evolução, como um fogo, uma central de energia em combustão. Mas não importa como você imagina a pessoa do Senhor. O que importa é que o Universo inteiro está debaixo do comando, do controle, da energia, do trabalho e da inteligência desse Deus infinito.

Parece presunção dizer isso, mas, de certa forma, Deus trabalha por nós todos os dias. Em tudo o que você estiver envolvido, o anjo do Senhor trabalhará por você. Toda vez que você aciona a sua fé, aciona o mundo espiritual.

Do mesmo modo, toda vez que você entra em oração, você aciona uma central que reorganiza o Universo. Não há nada mais valioso do que esse conceito, não há nada mais valioso do que você orar e saber que as coisas irão funcionar dessa maneira. Quando uma pessoa se ajoelha e clama a Deus, ela está movendo o Universo inteiro por meio da sua oração, da sua prece, da sua meditação e da sua fé. Isso reorganiza qualquer circunstância da vida. Suas tarefas têm o auxílio do Senhor. Então descanse o seu coração, e ele irá fazer as coisas de tal maneira que você terá paz na sua vida. Mão levantada é mão de autoridade, poder e providência.

A FÉ NÃO É PARA TODO MUNDO

Às vezes nós pensamos: "Eu vou trabalhar, eu vou conseguir, eu vou me esforçar". Isso é importante, mas, na maioria das vezes, não é suficiente porque quem providencia o que você precisa é o poder da providência. O poder de Deus vai transmitir para você finanças, negócios, oportunidades, promoções, saúde, vitórias. Tudo o que você precisa, o poder de Deus vai transmitir a você. Não é apenas pela inteligência do homem, mas também pela providência do Universo.

Isso é engraçado porque a fé não é de todo mundo, ou seja, não são todos os que se valem da fé na pessoa de Jesus. Pedro, por exemplo, nos disse que não escreveu para todas as pessoas, mas para aquelas que alcançaram a fé. A ordem demanda uma inteligência; e uma inteligência demanda uma consciência. Se existe ordem, existe inteligência, existe consciência. Portanto, existe Deus, que é a inteligência por trás de toda a ordem no Universo. A fé não é para todo mundo, porque nem todos se voltam para Deus e nem todos estão interessados na ordem ao seu redor.

Às vezes a gente está lutando por uma pessoa, insistindo, e essa pessoa permanece fechada. Mas tenha calma. Todas as barreiras e muralhas cairão por terra. A fé é algo que vem do mundo espiritual. Ela não vem do universo intelectual, ela não é filosofia. A fé não é convencimento; é um toque do Espírito

Toda vez que você aciona a sua fé, aciona o mundo espiritual.

Santo de Deus. Quando essa luz acende, nunca mais se apaga. A pessoa pode até deixar de ir à igreja, pode até esfriar, mas nunca mais vai perder a fé, porque vai lembrar que naquela época ela acreditava e vivia melhor. E, na experiência de todo mundo que teve a luz acesa, que viveu na fé, tal luz nunca mais se apagou.

Você quer graça, quer favor diante dos homens e diante de Deus? Exerça a fé, porque tudo o que você precisa estará a seu favor, e a paz será multiplicada em sua vida. Serão multiplicadas suas finanças, sua saúde, seus negócios. Entenda que nada disso vai ser somado, mas multiplicado pela sua fé.

COMO DEUS VÊ VOCÊ?

Deus chama você de vencedor, triunfante, príncipe. Ele fala que você é filho dele e diz que usará os melhores perfumes e vestes em você. Deus faz isso porque quer que você seja um príncipe próspero e feliz. Quer que você veja até a sua quarta geração (seus filhos, netos e bisnetos) e parta para a eternidade de mãos levantadas, dizendo: "Deus, estou pronto, pode mandar seu carro para me levar. Os meus filhos estão cheios do teu Espírito Santo, estou preparado". Esse é o projeto de Deus.

Satanás tem um projeto de o ver no lixo. Ele trabalha para que você seja imprestável e para que nunca

A Bíblia é o livro que relata o projeto de Deus, e a Igreja é a casa desse projeto.

tenha sucesso. O Diabo usa o pecado para bombardear a mente das pessoas com impurezas sexuais, e, se elas caírem, abrirão a porta para culpas e acusações contra si mesmas. O Diabo precisa disso para nos desestabilizar e para que não creiamos na Palavra e no projeto de Deus. O Diabo luta para que não creiamos na Palavra de Deus, porque a Bíblia é o livro que relata o projeto de Deus, e a Igreja é a casa desse projeto. Todos os que entram na Igreja têm a vida transformada, tornam-se príncipes, sacerdotes e reis, porque adotam a Bíblia como a descrição total do projeto de vida.

Tenha muito cuidado ao ouvir que Deus o chamou para ser pobre, que a vida aqui neste mundo será muito dura, que você tem de ser provado e angustiado, que tudo é só pela graça de Deus e, por isso, temos que sofrer. Se você aceitar essa palavra, sua vida será assim. Você terá fé para viver dessa forma.

"[...] a fé vem por se ouvir a mensagem, e a mensagem é ouvida mediante a palavra de Cristo." (Romanos 10.17) Aceite o desafio de ter uma fé que faz a diferença, uma fé que traz resultados, ouvindo o que a Palavra de Deus tem a nos ensinar. Você é a mensagem que ouve. Se você ouvir a mensagem de Deus, se tornará o que ouviu, porque a fé o levará a viver e a vencer. Mas, se escutar a mensagem do Diabo, o seu destino será a destruição. Peça a Deus discernimento para conhecer e ouvir a mensagem certa.

15

Todas as tristezas da fé reunidas não se igualam em amargura a uma gota das tristezas do pecado.

C. H. Spurgeon

Capítulo 2

A lógica da fé

Jesus subverteu a lógica do judaísmo, uma lógica pautada na Lei de Moisés. Fazendo isso, ele criou um marco divisório que selou a nova aliança. Moisés trouxe a Lei. Jesus trouxe a fé, a graça e o amor.

Na época de Moisés, o povo de Israel foi guiado pela Lei, que operava pela obediência e imposição de limites. Naquela época, o modelo da Lei foi importantíssimo para eles. Contudo, com a vinda de Jesus, as pessoas foram desafiadas a caminhar em um novo patamar de relacionamento, porque a fé opera com a confiança e a segurança.

Jesus e Paulo falaram sobre a fé mais do que qualquer outro escritor da Bíblia. No Novo Testamento, todo o contexto dos acontecimentos está baseado na fé, enquanto, no Antigo Testamento, a fé não é tão enfatizada.

Moisés não enfatizou a fé; ele priorizou a Lei e a obediência, ao ordenar "não matarás, não furtarás, não adulterarás, não defraudarás, não julgarás, não usarás o santo nome de Deus em vão". O modo de vida e de relacionamento com Deus no Antigo Testamento foi baseado na Lei, sempre com o enfoque nas regras. Mas Jesus mudou esse conceito, e Paulo seguiu a mesma linha de pensamento de Jesus em seu ministério.

Eu ainda vejo muitas pessoas mantendo o seguinte pensamento: "Ah... se eu visse os milagres, seria mais fervoroso"; "Se eu tivesse o privilégio de ver um anjo, a minha vida mudaria para sempre"; "Se eu visse algo extraordinário da parte de Deus, como uma chama e um anjo descendo, a minha vida seria diferente".

Acontece que a vida cristã é pautada pela fé, e ela será cada vez mais bombardeada pelo ceticismo secular. Alguns ainda dizem: "Ah... isso é coisa da sua cabeça! Isso não existe; é imaginação, 'sugestionamento' emocional". Não é, não! As coisas que acontecem com aqueles que andam no caminho do Senhor são decorrentes da fé na Palavra de Deus. E é isso que transforma a nossa vida e nos faz vencedores.

Não questione o poder que o tirou da escuridão e deu a você uma nova oportunidade de vida. Cada um deve saber o bem que o Senhor fez em sua vida. Eu sei o que o Senhor fez em mim. Ele me transformou completamente e deu-me um propósito de vida, e é por isso que eu canto, oro, prego. Eu viajo o Brasil todo levando a Palavra. Faço celebrações na Argentina, nos Estados Unidos e na Europa. Eu sei de onde o Senhor me tirou e onde ele me colocou. Por isso, tenho convicção de que a fé é real e que o poder de Deus opera ainda hoje.

Na carta de Paulo aos Efésios 2.6 em diante, Paulo fala da importância da fé. Ele não fala de sacrifício, nem de obediência; apenas fala da importância da fé e da graça de Deus em nossa vida, ou seja, todo o enfoque de Paulo sobre a ação de Deus em nossa vida é decorrente da fé. Talvez fosse mais fácil para Deus trabalhar para nós com outros atributos. Mas ele escolheu a fé.

> Deus nos ressuscitou com Cristo e com ele nos fez assentar nas regiões celestiais em Cristo Jesus, para mostrar, nas eras que hão de vir, a incomparável riqueza de sua graça, demonstrada em sua bondade para conosco em Cristo Jesus. (Efésios 2.6,7)

A graça nos salva mediante a fé, e isso não vem de Deus, pois é a parte do ser humano no processo. Uma maneira mais clara de exemplificar isso é a seguinte: Vai haver um evento maravilhoso, e você não precisará pagar nada para dele participar. Nesse evento, você desfrutará do melhor jantar, assistirá a inúmeros musicais, entre outros benefícios. O evento durará o dia todo e será de graça, isto é, pela graça.

No entanto, para participar, você precisará chegar ao local onde ele será realizado. E, para fazer o trajeto que o levará até esse local, você precisará de um veículo, um carro ou metrô.

Assim é a graça: ela está lá, mas, para usufruir os seus benefícios, precisamos chegar até ela. É nesse processo que entra a fé. A fé nos dá acesso a tudo o que Deus providenciou para nós por meio do Senhor Jesus Cristo. A fé é o veículo. O que adianta ter um evento maravilhoso se você e eu não conseguirmos chegar até ele? O meio de transporte torna o evento acessível a cada um de nós. A fé é o veículo que nos permite receber graça, amor e misericórdia de Deus.

Moisés não trouxe a graça; ele trouxe a recompensa e a reciprocidade. Obedeça a isso e você terá a sua recompensa. Somente em Jesus temos acesso à graça e ao amor incondicional, pois o amor de Deus é incondicional. Deus ama a todos. Ele faz que a chuva caia sobre todos, que o sol brilhe para todos, bons e maus, como Jesus ensinou no Sermão do Monte. Isso é amor incondicional.

Os pais amam os filhos, independentemente de serem bons ou maus, pois o amor dos pais é incondicional. Assim também é o amor de Deus; ele é incondicional. A aprovação do pai ao comportamento dos seus filhos é condicional. Do mesmo modo, o amor do Pai é incondicional, porém a sua aprovação ao comportamento dos seus filhos é condicional. Os pais amam o filho de qualquer maneira, mesmo que ele

A fé nos dá acesso a tudo o que Deus providenciou para nós por meio do Senhor Jesus Cristo.

esteja fazendo coisas erradas e se prejudicando. O amor permanece, pois é seu filho, no entanto, não há aprovação do seu comportamento.

É relativamente comum as pessoas confundirem amor e graça com aprovação, porém sabemos que tratam-se de conceitos diferentes. O apóstolo Paulo disse: "[...] vocês são salvos pela graça [...]" (Efésios 2.8). Isso significa que, para haver salvação, há uma condição: admitir e receber a graça. Mas a graça é incondicional. Você não faz nada além de crer para ser salvo, pois Jesus fez todo o sacrifício necessário. Ele já pagou o preço por você. Por isso, se você tiver a fé genuína, ela o levará para a segunda fase, que é obedecer a Jesus. Acho muito interessante esse estágio da obediência, pois ela não é como um pressuposto para ser amado, mas, sim, uma consequência de ser amado.

Paulo também disse que aqueles que são da fé cumprem a Lei, mas sem saber que a estão cumprindo. Imagine a seguinte situação: Uma pessoa chega para o seu cônjuge pedindo um lanche: "Amor, estou com fome. Faz um lanche pra mim?". O cônjuge tem a opção de responder "sim" ou se recusar a atender ao pedido. Por exemplo, o cônjuge poderá se recusar caso esteja cuidando das crianças ou fazendo outra coisa. A situação é bem diferente quando a mesma pessoa pede isso a alguém que é seu funcionário, que é contratado para essa função. Ele pede o lanche ao funcionário, e este lhe atende por obediência. Por outro lado, o cônjuge faz por amor. Ele não tem obrigação. Ele não prometeu no altar "Eu vou me casar e fazer o lanche para meu cônjuge". As pessoas pressupõem que, ao casar, serão cuidadas, mas todos esses compromissos são feitos mediante respeito e cumplicidade. Obediência é por amor, não para ser amado!

A vida de quem viu um sinal não é necessariamente mais fácil só porque o viu. Vamos estudar a vida de quem viu e notar como ele reagiu. Vejamos este texto do livro de Êxodo:

> Moisés pastoreava o rebanho de seu sogro Jetro, que era sacerdote de Midiã. Um dia levou o rebanho para o outro lado do deserto e chegou a Horebe, o monte de Deus. Ali o Anjo do SENHOR lhe apareceu numa chama de fogo que saía do meio de uma sarça. Moisés viu que, embora a sarça estivesse em chamas, não era consumida pelo fogo. "Que impressionante!", pensou. "Por que a sarça não se queima? Vou ver isso de perto." O SENHOR viu que ele se aproximava para observar. E então, do meio da sarça Deus o chamou: "Moisés, Moisés!". "Eis-me aqui", respondeu ele. Então disse Deus: "Não se aproxime. Tire as sandálias dos pés, pois o lugar em que você está é terra santa" (3.1-5).

Provavelmente você também gostaria de ter uma experiência como essa. Moisés não precisava de fé, porque a fé é a certeza das coisas que não se veem. E ele viu. Se você já viu, isso não significa ter a certeza do que não se vê. Fé é a certeza das coisas que não se veem e a convicção dos fatos que esperamos: isso é fé. Então Moisés viu a chama e ele não desenvolveu a fé no coração de Israel. Ele não precisava disso. As dez pragas não precisavam de fé por parte do povo. Assim também, como na travessia do mar Vermelho, os israelitas não precisaram de fé, pois estavam vendo. Tudo o que Israel fez foi conviver com as coisas. Eles estavam vendo. Eles não creram; quem crê é a Igreja. Depois que Jesus pegou o pão e estabeleceu a fé, por meio dela a Igreja virou o mundo de cabeça para baixo.

> Porque não quero, irmãos, que vocês ignorem o fato de que todos os nossos antepassados estiveram sob a nuvem e todos passaram pelo mar. Em Moisés, todos eles foram batizados na nuvem e no mar. Todos comeram do mesmo alimento espiritual e beberam da mesma bebida espiritual; pois bebiam da rocha espiritual que os acompanhava, e essa rocha era Cristo. (1Coríntios 10.1-4)

Todos comeram do mesmo alimento espiritual. Esse alimento era o maná que caía todas as noites do

O amor de Deus
faz você viver.
A aprovação de Deus
faz você conquistar.

céu e, quando acordavam pela manhã, ele estava lá para ser colhido e preparado como pão. Imagine não ter que trabalhar, plantar, colher e, mesmo assim, ter todas as noites o alimento ali, disponível! Eles faziam pães, bolos, doces, um milagre visível. E Paulo diz nesta citação da carta aos Coríntios: "Todos comeram do mesmo alimento [...]". Todos: os bons e os maus, os justos e os injustos. Isso é amor incondicional. Deus ama a todos incondicionalmente. Isso não quer dizer que ele aprova o comportamento de todos, mas ama como um pai ama seu filho.

O amor incondicional não significa o mesmo que aprovação. O amor de Deus faz você viver. A aprovação de Deus faz você conquistar. Os conceitos são diferentes. Eles tinham comida, provisões. Eles viram os milagres: o mar se abrir, uma nuvem que os seguia — que era como um ar-condicionado natural, pois servia de sombra, já que durante o dia o deserto é muito quente; uma coluna de fogo durante a noite — por ser muito frio, eles podiam desfrutar de um aquecedor natural. Cheios de sinais, os hebreus viram isso e mesmo assim ficaram prostrados, isto é, nem todos avançaram para a terra prometida. Não é o fato de verem sinais que os transformou em vencedores. Eu prefiro que você tenha fé a ver sinais. Porque a fé plantada no seu coração o leva a nunca se prostrar, mas a vencer.

OS HEBREUS VIVERAM

Eles viviam no meio dos milagres. Eles comeram, beberam, se aqueceram para dormir, andaram por causa do milagre, e a nuvem os ajudava. A vida deles era um milagre. Mas, eles se prostraram. Eles viam, pegavam, tocavam, conviviam com milagres vinte e quatro horas por dia, sete dias por semana e, mesmo assim, os milagres se tornaram comuns, e o seu efeito, ineficiente. Nunca deixe as ações de Deus na sua vida tornarem-se comuns e sem efeito. Nunca se acostume com elas. Elas são muito importantes, são grandes privilégios que o Senhor nos dá.

As duas cidades onde Jesus mais realizou milagres foram Corazim e Betsaida. Havia dez cidades em volta do mar da Galileia, cuja região, por isso mesmo, era conhecida como Decápolis. Ali aconteceram os mais variados milagres, porém Jesus disse: "[...] Porque, se os milagres que foram realizados entre vocês o fossem em Tiro e Sidom, há muito tempo elas teriam se arrependido, vestindo roupas de saco e cobrindo-se de cinzas" (Lucas 10.13). Jesus citou duas cidades pecaminosas e colocou os sinais como referência, dizendo que esses sinais seguiriam aqueles que cressem. Sinais não levantam a nossa fé; eles confirmam a misericórdia, a graça e o amor de Deus na sua fé.

Jesus disse que havia três coisas que os nossos patriarcas possuíam: o alimento (maná), uma nuvem e uma fonte de água. Você tem direito a essas três coisas. Você tem direito ao maná da subsistência e à presença de Deus na sua vida. Você tem direito a uma nuvem para tornar a sua vida mais fácil e mais doce mantendo-o na sombra. Você tem direito a uma fonte que jorra e refresca o seu coração. E essas coisas não são somente para quem é cristão, mas para todos os seres humanos; é a providência da graça, do amor de Deus no Universo.

O amor é incondicional. A graça de Deus é incondicional, e ela serve a todos. A aprovação é outra coisa. O pai ama os filhos, mas nem sempre os aprova. O filho ter a aprovação do pai, a alegria do pai, a bênção do pai é outro departamento.

Quero conhecer os
pensamentos de Deus...
o resto é detalhe.

Albert Einstein

CAPÍTULO 3

Por que a fé?

Deus instruiu o Senhor a usar o conceito da fé, não o conceito da Lei, muito menos o conceito das evidências físicas. No Antigo Testamento, as pessoas tinham contato com as evidências físicas; aconteciam sinais o tempo todo. Israel convivia com os sinais: o povo judeu via uma nuvem sobre eles durante todo o dia, todos os dias da semana; eles viam uma coluna de fogo sobre eles no deserto durante toda a noite, por todas as noites em que vagaram pelo deserto. O maná caía no chão para que todos fossem alimentados durante todos os dias e, mesmo assim, eles não criam. Os hebreus viram a mão de Deus, viram o monte Sinai tremer e, mesmo assim, eles não conseguiam crer.

Depois que Adão foi expulso do Éden, a Bíblia nos conta a história de Sete. Caim matou Abel. Caim fugiu, sumiu, desapareceu. E aí Adão e Eva tiveram outro filho: Sete. E foi de Sete que veio a descendência toda, até chegar a Abraão. Todos os povos nasceram, de alguma maneira, dos filhos de Sete que se casaram entre si com descendentes dos filhos de Caim, que estavam em algum lugar, em algum canto, longe do Éden.

Depois de Sete, a Bíblia diz que Enoque andou com Deus e foi transladado. Deus o tirou da terra, o chamou para si, e Enoque foi para o mundo espiritual.

Até hoje se acredita que Enoque realmente não viu a morte, porque ele foi transladado daqui. Seu corpo físico passou para o estado espiritual, à semelhança de como será o corpo da nossa ressurreição.

Depois de Enoque, a Bíblia diz que Noé andou com o Senhor. Então, de Adão até Abraão notamos uma ênfase na comunhão. Vemos que a Bíblia dá ênfase ao relacionamento, à medida que lemos sobre andar na presença de Deus. Abraão é um parêntese nessa história.

Na sequência do texto de Gênesis, vem Moisés com a Lei, e a Lei dura até o livro do profeta Malaquias, quando, então, temos a história de Jesus Cristo. E Jesus Cristo traz uma nova ênfase sobre a palavra "crer". Ele fala coisas como "aquele que crê em mim", "Aquele que crê em mim fará também as obras que tenho realizado. Fará coisas ainda maiores do que estas"! A vida de Jesus é narrada nos quatro Evangelhos.

O Evangelho de Lucas é um dos três evangelhos sinóticos, que traz o único texto em ordem cronológica. Lucas não andou com Jesus. Ele não conviveu com Jesus. Lucas foi discípulo do apóstolo Paulo e converteu-se muito tempo depois de Jesus ter se manifestado fisicamente. Para escrever o seu Evangelho, ele fez uma pesquisa; o seu Evangelho nasceu como fruto de uma pesquisa apurada, muito meticulosa,

É IMPOSSÍVEL JESUS TOCAR ALGUÉM SEM QUE ESSA PESSOA TENHA NOVOS *INSIGHTS*. QUEM É TOCADO POR JESUS, TEM NOVA LUZ, NOVA DIREÇÃO.

como lemos no início do seu texto. Portanto, ele organizou a cronologia toda da história da vida de Jesus e das coisas que ele realizou e disse.

Já o evangelho de João não tem essas ênfases. João não segue a lógica; ele fala sobre coisas, como: "No princípio era o Verbo, e o Verbo estava com Deus, e o Verbo era Deus" (João 1.1, *Almeida Revista e Atualizada*). João gastou um terço do livro, ou seja, sete capítulos, para narrar os acontecimentos de apenas uma semana: a última semana da vida de Jesus. Isto é, sete dias foram narrados em um terço do livro, e o restante de toda a vida de Jesus o apóstolo João descreveu nos outros dois terços. É desproporcional!

João não estava preocupado em dar ao seu Evangelho uma visão lógica. Ele veio trazer uma ideia só: que Jesus é o Verbo de Deus, a Palavra em ação. Todo verbo tem a conotação de uma palavra em ação. E palavras são informações codificadas, que chegam aos nossos ouvidos e formam as ideias, as projeções em nossas mentes. Então, quando João diz que Jesus é o Verbo, ele quer dizer: Jesus é a palavra que tem informação. Por isso, quando Jesus aparece para você, você tem uma revelação, tem uma nova informação, uma compreensão nova de algo específico. É impossível Jesus tocar alguém sem que essa pessoa tenha novos *insights*. Quem é tocado por Jesus, tem nova luz, nova direção. Toda vez que Jesus falar com você, acenderá uma luz em sua cabeça. Ele age. Aí ele dá a você a solução sobre os seus negócios, a resposta que você espera (e a que você nem espera!) e orienta sobre o que você irá fazer, porque ele é a Palavra. Ele chega até você trazendo informações novas.

O Universo foi criado pela informação. Então João estava preocupado em mostrar esse caráter mais filosófico de Jesus.

O evangelho de Marcos foi escrito com informações que não eram próprias dele, mas colhidas principalmente de Pedro. Marcos foi apenas o escritor. Pedro falou, mais alguns colaboraram e Marcos escreveu, porque Pedro não tinha habilidades de escrita, e foi o discípulo mais próximo de Jesus depois de João.

Já o evangelho de Mateus são números, ou seja, a contabilidade, porque ele era contador. Tudo de Mateus traz números com precisão e de forma muito bem organizada.

Cada um dos evangelistas tinha uma visão que nós vamos percebendo conforme estudamos a Palavra.

"Jesus, cheio do Espírito Santo, voltou do Jordão e foi levado pelo Espírito ao deserto." (Lucas 4.1)

Jesus foi batizado no Jordão. Em seguida, ele voltou do rio cheio do Espírito. João Batista viu o Espírito Santo em forma de pomba descendo sobre Jesus e Jesus cheio do Espírito. E, cheio do Espírito Santo, Jesus foi levado para o deserto, onde ficou quarenta dias sem comer. Jesus foi guiado e no deserto, tentado. A tentação de Jesus foi linda, maravilhosa, e tem lições fantásticas para nós.

Depois que isso aconteceu, Jesus finalizou o jejum (Lucas 4.8) e foi para casa comer e se hidratar. Ele ficou duas semanas na casa de sua mãe, Maria. Então Lucas 4.18 nos diz que Jesus já estava forte fisicamente, porque tinha se alimentado e estava cheio do Espírito. Como judeu, Jesus cultuava a Deus na sinagoga aos sábados, no *shabat*. Na sinagoga, eles leem um texto das Escrituras hebraicas, que compreendem o Antigo Testamento, e o texto é lido em sequência, reunião após reunião. Cada sábado, eles leem um trecho, um texto em sequência; não se pode saltá-lo. Nas sinagogas, há um rabino responsável por isso e é ele quem dá as Escrituras para alguém ler. Entre os presentes, é escolhido um homem que queira ler. Então, naquele dia em que Jesus chegou à sinagoga cheio do poder de Deus, o mestre, o rabino-chefe do culto, viu que Jesus estava lá e entregou o livro para ele ler, porque respeitou a sua figura e a unção que estava sobre ele.

> "O Espírito do Senhor está sobre mim, porque ele me ungiu para pregar boas-novas aos pobres. Ele me enviou para proclamar liberdade aos presos e recuperação da vista aos cegos, para libertar os oprimidos e proclamar o ano da graça do Senhor." (Lucas 4.18,19)

O texto lido foi exatamente na parte em que está a profecia a respeito da sua missão. Deus preparou para que, quando Jesus estivesse lá, o texto falasse a respeito da vida dele. Assim acontece conosco quando estamos na casa do Senhor. Cada vez que você vai à igreja, o que você lê, a palavra que vem, é uma palavra completamente direcionada para a sua vida.

> Ao romper do dia, Jesus foi para um lugar solitário. As multidões o procuravam e, quando chegaram até onde ele estava, insistiram que não as deixasse. Mas ele disse: "É necessário que eu pregue as boas-novas do Reino de Deus noutras cidades também, porque para isso fui enviado". (Lucas 4.42,43)

Jesus estava cheio do Espírito Santo. Ele tinha curado um monte de gente. Jesus foi direto às boas-novas do Reino de Deus. O Senhor foi enviado para pregar o evangelho do Reino de Deus: essa era a missão central de Jesus. Ele sabia o que era o Reino de Deus e o que era o reino de César. Se há reino, há um rei, um território, uma língua, uma cultura. Mas é como se Jesus dissesse: "Eu não estou trazendo um reino físico, humano. Estou trazendo um reino espiritual, onde o nosso rei é o meu Pai, e o Senhor dos senhores é o Rei dos reis".

Nicodemos, um grande religioso, perguntou a Jesus: "O que farei para entrar no reino de Deus?". Jesus respondeu que ele deveria nascer de novo. Então Nicodemos perguntou: "E como eu nasço de novo? Eu volto para o ventre da minha mãe? Eu já sou adulto". E Jesus disse: "[...] Ninguém pode entrar no Reino de Deus se não nascer da água e do Espírito. O que nasce da carne é carne, mas o que nasce do Espírito é espírito" (João 3.5,6).

Quando você nasce de novo, a fé atinge o seu coração. Você não precisa ver milagres. Quando você nasce de novo, alguma coisa liga no seu coração. A Palavra de Deus é suficiente para alimentar a sua fé.

Jesus disse algo como (estou aqui parafraseando a passagem): "Eu preciso ir para outras cidades, porque tenho de pregar para elas, porque me é necessário falar sobre o Reino de Deus. Eu não vim trazer leis, não vim como Moisés veio, não vim trazer festas, mas trazer o Reino de Deus, um outro governo na sua vida, o governo espiritual. Eu vim mudar a ótica. Em vez de você ver as coisas do ponto de vista humano, material, vai ver as coisas do ponto de vista espiritual".

Entenda algo importantíssimo: *seus problemas não são materiais; seus problemas são de origem espiritual*. E é por isso que eles têm solução, porque a Palavra de Deus cura qualquer coisa em sua vida.

No evangelho de João 20.29, lemos que Jesus morreu, ressuscitou, apareceu aos discípulos e, em uma dessas aparições, um dos seus, Tomé, teve muita dificuldade em crer na sua ressurreição, porque não tinha fé. Jesus apareceu para Maria, sua mãe, e para Maria Madalena. Elas foram ao túmulo e viram que Jesus não estava lá, souberam que havia ressuscitado, mas a palavra de uma mulher não tinha peso naquela sociedade. As pessoas em geral não acreditavam na palavra das mulheres no judaísmo — não havia mulher que exercesse o rabinato. Então não adiantava elas falarem que o Messias havia ressuscitado. Por isso, as mulheres voltaram e disseram a Pedro e João: "Jesus não está lá".

Eles não acreditaram e foram checar a informação, encontrando o túmulo vazio. Chegaram ao local e realmente Jesus não se encontrava ali. A pedra gigante havia sido rolada. Eles ficaram intrigados.

Então Jesus começou a falar com eles, a se revelar a um, a outros dois... Até então ele não havia ainda se revelado a todos os Doze. De repente, ele aparece no meio dos Doze, e lá está Tomé. E certamente os outros tinham conversado com Tomé. Mas este falou: "[...] Se eu não vir as marcas dos pregos nas suas mãos, não colocar o meu dedo onde estavam os pregos e não puser a minha mão no seu lado, não crerei" (João 20.25). E Jesus, apresentando-se no meio deles, disse a Tomé: "[...] 'Coloque o seu dedo aqui; veja as minhas mãos. Estenda a mão e coloque-a no meu lado. Pare de duvidar e creia'. Disse-lhe Tomé: 'Senhor meu e Deus meu!' " (João 20.27,28).

Jesus aparece no meio deles e logo diz a Tomé (estou parafraseando): "Ponha aqui o seu dedo, veja as minhas mãos, pegue também a mão, ponha aqui no meu lado, e não seja incrédulo, mas creia!". Em outras palavras, Jesus está dizendo: "Toque na ferida aqui em minha mão, toque na ferida onde eles enfiaram a lança". E Tomé começa a se assustar. Então Jesus diz: "Não seja incrédulo, Tomé, mas um crente, acredite".

"Então Jesus lhe disse: 'Porque me viu, você creu? Felizes os que não viram e creram.' " (João 20.29)

Aqui está o ponto. Jesus quis dizer a Tomé: "Você não entendeu nada, não é mesmo, Tomé?". Jesus estava ali para tirar o arquivo da cabeça das pessoas sobre a Lei. A Lei levava a pessoa a crer mediante o que ela via. Jesus propôs algo diferente, como: "Isso não gera fé. Eu estou aqui para levantar a fé de vocês pelo poder da minha palavra!".

Bem-aventurados os que não viram e creram. Nós somos bem-aventurados porque nós não vimos Jesus pessoalmente. Vimos Jesus em Espírito, pois cremos na sua Palavra.

Jesus diz: "Felizes são aqueles que desenvolveram sua fé, não em cima daquilo que viram, mas daquilo que creram em seu coração" (paráfrase minha). Isso não é a abolição dos sinais, pois ele complementou a frase: "e esses sinais seguirão aqueles que creem".

Os sinais não vão à nossa frente para "levantar" a nossa fé; os sinais vão atrás de nós para confirmar a nossa fé. Veja a diferença! Creia, e os sinais aparecerão: curas, libertações, respostas financeiras, familiares tocados por Deus. Se você crer, milhares de sinais seguirão a sua vida. A obediência de Moisés, que trouxe a Lei, não é pré-requisito para ser amado por Deus. Ela é consequência do meu amor por Deus. Ele nos ama mesmo quando não somos obedientes. Boa notícia! E, depois que somos amados, não conseguimos ser desobedientes, tornamo-nos obedientes. Isso é a graça de Deus.

O Vaticano tem um departamento de ciência, física, astronomia, cosmologia e pesquisas científicas muito respeitável. O Vaticano soltou uma matéria sobre o Santo Sudário. Na matéria, muito rica por sinal, eles fizeram uma réplica em 3D do corpo da pessoa envolvida pelo Santo Sudário. A réplica tem muitas coincidências. Para os cientistas do Vaticano, trata-se de uma réplica do corpo do Senhor Jesus Cristo. As evidências são bem acentuadas. Não posso dizer que essa reprodução tem 100% de acerto, mas posso dizer que beira 95%.

Na década de 1960, um "engraçadinho" pegou o Santo Sudário, pediu licença e fez uma análise do isótopo Carbono-14 contido nele. E a conclusão a que chegou é que aquele objeto em que foi feita a análise datava dos anos entre 1260 e 1270. Estava furada a tese de que o Santo Sudário teria sido usado para cobrir o corpo de Jesus, porque tinha que datar do início da era cristã, dos anos 30, 35 ou 40, aproximadamente. O isótopo Carbono-14 não chega à precisão de dar dia e hora; ele dá apenas uma assertividade de alguns anos ou décadas. A assertividade não é tão precisa.

Eu não cri por causa de comprovações históricas, de comprovações científicas; eu cri por causa do poder da Palavra do Senhor que moveu a minha vida.

A partir de então, passaram a desacreditar o Santo Sudário e a dizer que era a religião tentando manipular as pessoas. Agora o Vaticano pediu à Nasa para ajudá-lo, bem como a vários laboratórios de renome: três laboratórios internacionalmente reconhecidos, além da Nasa. Nas novas pesquisas descobriram que na primeira análise do Carbono-14, feita anteriormente, o material estava contaminado, porque o Santo Sudário tem alguns remendos. Esses remendos foram costurados para tapar alguns buracos que o tecido teve ao longo da História, e a análise feita utilizou uma parte do remendo que datava do ano 1260. Quando fizeram a análise do pano como um todo, realmente constataram se tratar do início da era cristã, entre os anos 20 e 50.

Esse manto coincide com a época de Jesus. O primeiro passo já havia sido dado. Segundo, pegaram a imagem da pessoa cuja aparência estava registrada no Santo Sudário, abriram e fizeram uma réplica do aspecto físico: aquele homem estampado no Santo Sudário teria recebido 600 chibatadas, que fizeram 300 perfurações em seu corpo; 300 marcas de um objeto pontiagudo, que eram exatamente as pontas dos chicotes dos soldados romanos. A pessoa do Santo Sudário tem um furo do lado direito do corpo, onde a lança do soldado romano penetrou, assim como ocorreu com Jesus. São muitas as coincidências: a data coincide; 600 marcas de chibatadas; 300 perfurações; uma perfuração grande do tamanho da ponta de uma lança no lado direito; o ombro direito deslocado. A hipótese do cientista do Vaticano é que, quando Jesus caiu com a cruz, o ombro foi deslocado, resultando nessa fratura.

Uma das cientistas que participaram da análise desse conjunto coletou e examinou o tecido onde houve a marca de perfuração, e este tinha marca de sangue. Ela analisou o sangue, e tinha água. A pessoa teve a mesma ferida que Jesus. Afirma-se que aquela cientista que fez essa descoberta era judia e, quando ela viu que tinha água e sangue na amostra colhida, ajoelhou-se e disse: "Eu estou diante de um milagre, estou diante do Filho de Deus". E aceitou Jesus como Salvador.

Um homem de 1,80 metro de altura, com braços fortes, uma vez que Jesus era carpinteiro.

Se esses estudos estiverem corretos, essa é uma notícia maravilhosa, pois, com as partículas do sangue, podemos ter o genoma do Filho de Deus. Já pensou poder ver todo o genoma de Jesus? Seria fantástico. Contudo, isso não altera em nada a minha fé.

Porque eu não cri por causa de comprovações históricas, de comprovações científicas; eu cri por causa do poder da Palavra do Senhor que moveu a minha vida e o meu coração, fazendo milagres a cada dia que eu uso essa Palavra.

Suba o primeiro degrau com fé. Não é necessário que você veja toda a escada. Apenas dê o primeiro passo.

Martin Luther King Jr.

CAPÍTULO 4

A ORAÇÃO DE JESUS

Jesus estava orando ao Pai, intercedendo pelos discípulos. Ele dizia: "Minha oração não é apenas por eles. Rogo também por aqueles que crerão em mim, por meio da mensagem deles" (João 17.20).

Este era o foco de Jesus: "Aqueles que vierem a crer em mim por causa da sua palavra". Você é cristão porque crê, e você crê por causa da palavra de Deus. E essa fé e essa Palavra que revolucionou a sua vida geram milagres que abrem as portas. Não há limites quando se acredita na Palavra de Jesus.

Jesus escolheu esse método para nós. Ele escolheu a fé e a sua Palavra. Ache uma promessa do Senhor, deposite de todo o coração fé nela, e você terá a certeza do mundo inteiro na palma das suas mãos. Ache uma palavra para sua necessidade. Se você quer se casar, ache uma promessa de Deus sobre casamento para a sua vida, ponha fé nela, e você terá o melhor casamento do mundo. Se você tem uma doença e precisa de saúde, encontre uma promessa de Deus na Palavra do Senhor e ponha fé nela. Se você precisa de emprego, trabalho, ache uma palavra, ponha fé nela e veja os milagres do Senhor aparecerem na sua vida.

Deus se manifestou a Caim pessoal e visivelmente. Deus falou com voz audível: "Caim, o mal está batendo na porta do seu coração. Você pode dominá-lo".

Foi Deus quem falou, não uma voz espiritual. Caim não era um homem espiritual, ele não andava com Deus, não ouvia a voz espiritual. Deus falou com ele com voz audível. Mas isso não adiantou.

Na época de Noé, havia na terra os *nefilins*, que eram gigantes, segundo Gênesis 6, isto é, os filhos de anjos caídos. Você quer um sinal mais espiritual, mais comprobatório, mais real do que aquilo? Aquela geração que conviveu com aqueles gigantes foi a geração do Dilúvio, a mais pecadora de todas, ou seja, os sinais não adiantaram nada.

Por que Deus escolheu o método da fé? Ele pode aparecer, se quiser, os anjos podem se manifestar, mas ele escolheu a fé.

João 17.6-8 diz:

> "Eu revelei teu nome àqueles que do mundo me deste. Eles eram teus; tu os deste a mim, e eles têm obedecido à tua palavra. Agora eles sabem que tudo o que me deste vem de ti. Pois eu lhes transmiti as palavras que me deste, e eles as aceitaram. Eles reconheceram de fato que vim de ti e creram que me enviaste".

O nome do Senhor foi manifestado a todos. Paulo escreveu em Romanos 10 que a todos foi dada a capacidade de ouvir a sua voz, até os confins da terra.

Ache uma promessa do Senhor, deposite fé de todo o coração nela, e você terá a certeza do mundo inteiro na palma das suas mãos.

Lembra-se do que Jesus disse em Mateus 19 sobre muitos serem chamados? No grego, "muitos" significa totalitário, isto é, "todos". Todos foram chamados, mas poucos foram escolhidos.

Eu tinha 18 anos quando havia acabado de passar no vestibular. Nessa época, eu tinha de me apresentar ao Exército, no alistamento militar obrigatório. Cheguei a um ginásio gigante, cheio de jovens da minha idade, e lá encontrei um capitão, um tenente e um sargento. Eles começaram a perguntar coisas assim: "Quem está cursando um curso universitário?". Eu levantei a mão. "Quem tem uma família com renda familiar 'x'?" Eu levantei a mão. Então eles fizeram uma pergunta importantíssima: "Quem quer servir no Exército espontaneamente, quem precisa, quem gosta?". Todos haviam sido convocados, todos fomos chamados.

Eu tinha dois amigos, o bispo Cirino e outro amigo, que eram apaixonados pelo Exército. E eu respondi: "Se for para ser soldado apenas, não quero, não. Se for para ser algo maior, quem sabe?". Eu não descartei a possibilidade, mas não era o meu destino, não era a minha primeira opção, pois eu planejava me formar e me casar. Quando eles perguntaram quem queria servir, os dois levantaram a mão, mas a minha ficou abaixada. Quem ficou com as mãos abaixadas foi colocado em outro canto. Os que levantaram as mãos foram escolhidos. Eles escolheram quem aceitou o desafio.

Deus escolheu você porque você decidiu aceitar o desafio. Ele não faz acepção de pessoas. Ele chama a todos, mas aqueles que levantaram as mãos e aceitaram o chamado foram escolhidos. Esse é o conceito de fé sendo implantado nos que acreditaram, creram. Jesus disse: "Eu manifestei o teu nome ao mundo", e isso implica todos.

> "Eu rogo por eles. Não estou rogando pelo mundo, mas por aqueles que me deste, pois são teus." (João 17.9)

No mundo, cada um de nós escolhe os seus caminhos, as suas trajetórias. Jesus não rogou pelo mundo todo, mas pelos que o aceitaram e o aceitariam no futuro. Olhe o foco de Jesus em você, na igreja, naqueles que decidiram crer: "Tudo o que tenho é teu, e tudo o que tens é meu. E eu tenho sido glorificado por meio deles" (João 17.10).

A minha e a sua vida foram separadas por Deus para levar o nome de Jesus. Nós vamos levantar o nome dele em nossa geração, nas empresas, nas faculdades, na nossa família. Onde nós estivermos, Jesus será proclamado.

Essa oração de Jesus é fantástica porque ela explica o conceito de fé. Todos têm oportunidade. Aqueles que têm oportunidade de responder positivamente ao seu chamado são separados. Jesus está de olho naqueles que são separados. Eles creram e receberam a chave da fé. Esta nos põe no território espiritual, e é nesse território sobrenatural que os milagres acontecem.

Deus não se escondeu. Ele falava com os homens. Ele falou com Caim. Mesmo que Caim fosse uma pessoa do mal, Deus falou com ele. As evidências espirituais estavam lá, e ele falou com Noé. Ele falava com o povo de Israel no deserto, um povo de coração duro. Paulo escreveu em 1Coríntios 10 que todos comeram do maná, todos viram os milagres, mas morreram no deserto. Então Deus se manifestava. Eles viram a nuvem, viram a coluna de fogo, viram a glória de Deus, ouviram a voz de Deus no Sinai. Mas depois Deus se escondeu.

Depois Deus voltou a se revelar por meio de Jesus. O autor de Hebreus afirma: "Há muito tempo Deus falou muitas vezes e de várias maneiras aos

NÃO É PORQUE VOCÊ VÊ QUE ALGO EXISTE; E NÃO É PORQUE VOCÊ NÃO VÊ QUE ALGO NÃO EXISTE.

nossos antepassados por meio dos profetas, mas nestes últimos dias falou-nos por meio do Filho [...]" (Hebreus 1.1,2).

Segue, o texto até Hebreus 12.1,2, onde lemos:

> Portanto, também nós, uma vez que estamos rodeados por tão grande nuvem de testemunhas, livremo-nos de tudo o que nos atrapalha e do pecado que nos envolve, e corramos com perseverança a corrida que nos é proposta, tendo os olhos fitos em Jesus, autor e consumador da nossa fé. Ele, pela alegria que lhe fora proposta, suportou a cruz, desprezando a vergonha, e assentou-se à direita do trono de Deus.

A fé é a convicção dos fatos que não se veem. O materialismo e a ciência só acreditam naquilo que se pode ver. É uma bobagem falar isso, porque nossos sentidos são muito restritos. Nós só vemos objetos que refletem comprimentos de ondas muito curtas, muito pequenas. Existem infinitas imagens que os nossos olhos não captam, mas um microscópio, por exemplo, sim. Nós não vemos moléculas e átomos. Quando uma análise laboratorial é feita, não vemos os tecidos, mas com o microscópio é possível ampliar o alcance da visão.

Nós não vemos as estrelas, não vemos as galáxias. Mas, quando eu ponho uma lente gigante,

Fomos chamados e treinados para entrar em outra dimensão onde as coisas acontecem, mas os olhos não veem.

daquelas usadas em telescópios, eu as vejo. Não é porque você vê que algo existe; e não é porque você não vê que algo não existe. O mundo real não é visto, o mundo que sustenta o nosso Universo não é visto, nem ouvido. O ouvido do cachorro capta até sete vezes mais do que o nosso. Se você tem um cachorro, e se você gosta tanto dele, está lá, ao seu lado, e escuta sons que você não escuta, de onde você pode imaginar que há algo que está escapando à sua percepção.

Não é porque não vemos algo que aquilo não existe. Você não vê anjos, mas crê que eles trabalham a seu favor. Você não vê os milagres, mas crê neles. Fomos chamados e treinados para entrar em outra dimensão onde as coisas acontecem, mas os olhos não veem; essa dimensão e o que acontece lá não são de natureza material, mas espiritual. E lá é a verdadeira vida. Jesus disse algo mais ou menos assim: "Eu desisto do mundo material. Levá-los para a verdade do mundo material não vai adiantar. Vou levá-los para o mundo espiritual e, quando eu os treinar no mundo espiritual, na fé, eles vencerão fogo, perseguição, problemas, doenças, qualquer coisa".

E a Igreja venceu. Receba essa fé no seu coração, treine sua fé, entenda o mistério da fé, porque isso é a chave das suas conquistas e vitórias.

A CIÊNCIA SEM FÉ É LOUCURA, E
A FÉ SEM CIÊNCIA É FANATISMO.

MARTINHO LUTERO

Capítulo 5

A condição para o milagre

Todas as pessoas que chegaram até Jesus o fizeram porque necessitavam de um milagre. Elas buscavam uma cura física, a ressurreição de um parente, a transformação de um elemento natural. A condição que movia o homem a buscar Deus em geral era um anseio pessoal. Hoje a situação não é diferente. O mundo funciona exatamente como antes. Contudo, em todas aquelas situações, Jesus impôs uma condição: a fé. Ele explicita isso em Mateus 21.20-22:

> Ao verem isso, os discípulos ficaram espantados e perguntaram: "Como a figueira secou tão depressa?". Jesus respondeu: "Eu asseguro que, se vocês tiverem fé e não duvidarem, poderão fazer não somente o que foi feito à figueira, mas também dizer a este monte: 'Levante-se e atire-se no mar', e assim será feito. E tudo o que pedirem em oração, se crerem, vocês receberão".

Marcos 9.22,23 confirma essa condição: " 'Muitas vezes esse espírito o tem lançado no fogo e na água para matá-lo. Mas, se podes fazer alguma coisa, tem compaixão de nós e ajuda-nos.' 'Se podes?', disse Jesus. 'Tudo é possível àquele que crê' ".

Existe uma série de valores e princípios que operam a fé. Entre eles, o principal é o desespero do homem. O milagre acontece quando o homem está aflito.

Na passagem de Marcos, o homem virou-se para Jesus e não acreditou que ele podia, realmente, curar o seu filho. O homem tirou a sua responsabilidade de gerar um milagre e a colocou sobre Jesus, que, por sua vez, devolveu-a, afirmando: "Tudo é possível ao que crê". Ao fazer isso, Jesus fechou uma situação no mundo espiritual. Ele amarrou algo nos céus e na terra, colocando, assim, autoridade nas mãos do homem.

O homem, por meio da fé, aprende a tirar as desculpas do coração e a tomar posse de tudo aquilo que se espera de Deus.

Normalmente, nós, cristãos, ao conhecermos o versículo que diz "e tudo o que pedirem em oração, se crerem, vocês receberão", acabamos por somente pedir coisas em oração e não cremos que já recebemos o milagre. Isso porque alguns não possuem fé, que é a base de Deus para realizar o bem no coração.

Princípio para Deus realizar milagres

Em Lucas 8.13-15, está escrito:

> "As que caíram sobre as pedras são os que recebem a palavra com alegria quando a ouvem, mas não têm raiz. Creem durante algum tempo,

Não jogue o seu milagre fora. Não transfira a responsabilidade do milagre apenas para Jesus.

mas desistem na hora da provação. As que caíram entre espinhos são os que ouvem, mas, ao seguirem seu caminho, são sufocados pelas preocupações, pelas riquezas e pelos prazeres desta vida, e não amadurecem. Mas as que caíram em boa terra são os que, com coração bom e generoso, ouvem a palavra, a retêm e dão fruto, com perseverança".

Como você escuta a Palavra de Deus? Como apresenta as suas necessidades? Você está fazendo como aquele homem, dizendo para Deus: "Se tu podes, faze"?

Não jogue o seu milagre fora. Não transfira a responsabilidade do milagre apenas para Jesus. Aprenda a dizer: "Senhor, ajuda-me a liberar minha fé. Mostra-me onde estou falhando, onde não estou crendo como deveria".

Deus permite as dificuldades, porque são elas que irão fazer sua fé se manifestar.

Em muitas situações, as dificuldades nos fazem pensar em desistir. Olhamos para um lado e não vemos saídas; olhamos para outro lado e vemos somente obstáculos. O que nos resta senão a estagnação? Não! Isso está errado. O que Deus realmente anseia é que você entenda que *o milagre está em você*. Assim, cabe a você colocá-lo para fora por meio da manifestação da Palavra, por meio do mover da fé e da sua utilização. As suas necessidades não existem para o destruir, mas para pôr a fé que Deus está aperfeiçoando para o lado de fora.

Antes de qualquer oração, conscientize-se de que o Senhor sempre está presente e que é poderoso. Entenda que Deus pode e que ele quer o melhor para a sua vida.

Ao estudar a Bíblia, é possível notar a ênfase de Jesus na palavra: *fé*. Em Marcos 1.40-42, lemos a história de outro homem desesperado, que apresentava uma doença: "Um leproso aproximou-se dele e suplicou-lhe de joelhos: 'Se quiseres, podes purificar-me!'. Cheio de compaixão, Jesus estendeu a mão, tocou nele e disse: 'Quero. Seja purificado!'. Imediatamente a lepra o deixou, e ele foi purificado".

Algumas pessoas possuem as seguintes dúvidas: "Deus pode?" e "Deus quer?". Antes de fazer qualquer uma dessas perguntas, lembre-se de que Deus o criou para ter felicidade, não para viver rodeado por dúvidas. O homem foi feito para viver em plenitude, mas muitos ainda não vivem assim, porque não creem que o Senhor "pode" e "quer".

> E estava ali certa mulher que havia doze anos vinha sofrendo de hemorragia. Ela padecera muito sob o cuidado de vários médicos e gastara tudo o que

tinha, mas, em vez de melhorar, piorava. Quando ouviu falar de Jesus, chegou por trás dele, no meio da multidão, e tocou em seu manto, porque pensava: "Se eu tão somente tocar em seu manto, ficarei curada". Imediatamente cessou sua hemorragia e ela sentiu em seu corpo que estava livre do seu sofrimento. No mesmo instante, Jesus percebeu que dele havia saído poder, virou-se para a multidão e perguntou: "Quem tocou em meu manto?". Responderam os seus discípulos: "Vês a multidão aglomerada ao teu redor e ainda perguntas: 'Quem tocou em mim?' ". Mas Jesus continuou olhando ao seu redor para ver quem tinha feito aquilo. Então a mulher, sabendo o que lhe tinha acontecido, aproximou-se, prostrou-se aos seus pés e, tremendo de medo, contou-lhe toda a verdade. Então ele lhe disse: "Filha, a sua fé a curou! Vá em paz e fique livre do seu sofrimento". (Marcos 5.25-34)

Jesus fez uma afirmação muito importante: "A sua fé a curou". Ele quis dizer que a fé foi capaz de trazer o poder de Deus para dentro daquela mulher enferma e curar o seu corpo, além de purificá-la. A fé abriu as portas do céu para que o poder viesse e entrasse em seu corpo.

Se Deus pode e quer, então por que as pessoas não recebem os milagres? Porque elas não abrem os

O homem foi feito para viver em plenitude, mas muitos ainda não vivem assim, porque não creem que o Senhor "pode" e "quer".

portões do mundo espiritual para que aquele poder alcance o seu interior. A chave desse portão é a fé.

Jesus não afirmou em momento algum que apenas a oração salvará ou realizará milagres. Muitas pessoas escondem a falta de fé atrás de orações que fazem por desencargo de consciência. O que torna a oração poderosa é a fé, a segurança e a confiança em Deus.

Atualmente, 90% das pessoas confundem espiritualidade com misticismo. O místico não é natural. O misticismo acontece quando a pessoa não tem segurança de quem ela é, do que pede e do Deus a quem serve. Nesse sentido, Jesus foi muito natural.

O que você precisa para ter sucesso já está lá; apenas se apoie em Deus. Por sua fé, Deus pode desapontar o Diabo.

Benson Idahosa

Capítulo 6

Milagre: ação divina e integração humana

Em todos os milagres ocorridos no Novo Testamento, é possível notar a combinação de dois movimentos: o movimento de Deus e o movimento do homem, ou seja, quando há um encontro da ação divina com a interação humana.

A maioria das pessoas parte do princípio de que Deus sempre pode tudo, pois é onipotente, onisciente e onipresente. Costuma-se achar que basta pedir para que o Senhor faça alguma coisa que pedimos a ele.

No entanto, o princípio do milagre não funciona dessa maneira. O que essas pessoas fazem é pôr a responsabilidade de liberar o milagre nas mãos de Deus. Mas não é isso que Deus quer. Nós pedimos para ele fazer o milagre, e ele nos manda fazer o milagre. Nós pedimos para ele estender o braço, e ele nos manda liberar a fé.

É comum pensar que o mover de Deus acontece nas forças espirituais, nos anjos, nos demônios, mas não é assim. Ele acontece no coração, pois é dele que os milagres procedem. O mover de Deus ocorre para ajudar a pessoa a liberar a fé e, assim, expelir o milagre que está dentro dela.

Não procure construir a sua fé por meio de milagres alcançados facilmente, pois assim você não dará o devido valor. As bênçãos são conquistadas com perseverança. O tempo que se leva para conquistar o milagre é um período de crescimento, e esse crescimento é adquirido por meio da paciência e da fé.

Você pode estar ouvindo uma voz sutil no seu interior dizendo neste momento para você desistir do seu milagre, mas tenha certeza de que este é o momento mais importante. Não desista! Peça a Deus que gere fé no seu coração, pois, com certeza, você terá a vitória.

Em Marcos 6.45-52, está escrito o seguinte:

> Logo em seguida, Jesus insistiu com os discípulos para que entrassem no barco e fossem adiante dele para Betsaida, enquanto ele despedia a multidão. Tendo-a despedido, subiu a um monte para orar. Ao anoitecer, o barco estava no meio do mar, e Jesus se achava sozinho em terra. Ele viu os discípulos remando com dificuldade, porque o vento soprava contra eles. Alta madrugada, Jesus dirigiu-se a eles, andando sobre o mar; e estava já a ponto de passar por eles. Quando o viram andando sobre o mar, pensaram que fosse um fantasma. Então gritaram, pois todos o tinham visto e ficaram aterrorizados. Mas Jesus imediatamente lhes disse: "Coragem! Sou eu! Não tenham medo!". Então subiu no barco para junto deles, e o vento se acalmou; e eles ficaram atônitos, pois não tinham entendido o milagre dos pães. O coração deles estava endurecido.

Certamente haverá vento contrário, mas não se assuste, pois esse vento tem o objetivo de ensinar você a crescer.

Jesus veio ministrar aos discípulos sobre fé, segurança, determinação. Era a parte dele ensinar sobre esses princípios. Os homens tinham a intenção de ir, mas não estavam preparados. Queriam chegar, mas não imaginavam que encontrariam grande oposição nessa trajetória. Talvez você também queira seguir. Certamente haverá vento contrário, mas não se assuste, pois esse vento tem o objetivo de ensinar você a crescer.

Em Marcos 6.30-41, lemos:

> Os apóstolos reuniram-se a Jesus e lhe relataram tudo o que tinham feito e ensinado. Havia muita gente indo e vindo, a ponto de eles não terem tempo para comer. Jesus lhes disse: "Venham comigo para um lugar deserto e descansem um pouco". Então, eles se afastaram num barco para um lugar deserto. Mas muitos dos que os viram retirar-se, tendo-os reconhecido, correram a pé de todas as cidades e chegaram lá antes deles. Quando Jesus saiu do barco e viu uma grande multidão, teve compaixão deles, porque eram como ovelhas sem pastor. Então começou a ensinar-lhes muitas coisas. Já era tarde e, por isso, os seus discípulos aproximaram-se dele e disseram: "Este é um lugar deserto, e já é tarde. Manda embora o povo para que possa ir aos campos e povoados vizinhos comprar algo para comer". Ele, porém, respondeu: "Deem-lhes

vocês algo para comer". Eles lhe disseram: "Isto exigiria duzentos denários! Devemos gastar tanto dinheiro em pão e dar-lhes de comer?". Perguntou ele: "Quantos pães vocês têm? Verifiquem". Quando ficaram sabendo, disseram: "Cinco pães e dois peixes". Então Jesus ordenou que fizessem todo o povo assentar-se em grupos na grama verde. Assim, eles se assentaram em grupos de cem e de cinquenta. Tomando os cinco pães e os dois peixes e, olhando para o céu, deu graças e partiu os pães. Em seguida, entregou-os aos seus discípulos para que os servissem ao povo. E também dividiu os dois peixes entre todos eles.

Essa passagem descreve um milagre no qual o homem entra com a sua parte e Jesus entra com a dele. A parte de Jesus é a multiplicação, e a parte humana é a fé e a sua liberação. Cabe ao Senhor conceder visão, alvos, meta. Depois, ele treina seus filhos para a conquista. Assim, primeiro é preciso ver para depois conquistar. O poder de Deus já está lá; para ser liberado, é preciso crer. A diferença entre uma pessoa madura e outra imatura é que a primeira não vacila diante de uma necessidade, pois sabe que Deus não irá deixá-la sozinha e trará suprimento para a sua vida.

Existem cristãos que vivem uma vida difícil simplesmente por não saberem usar a fé na conquista dos milagres. Deus deixou a missão de pregar o evangelho, que significa "boas-novas". E quais são as boas-novas? São as boas notícias de que o poder de Deus está disponível para ser liberado aos homens. Eles só precisam ver esse poder. Aprenda a conectar a chave da fé para liberar os milagres em sua vida.

A ORAÇÃO EXISTE PARA LEVANTAR A FÉ, NÃO PARA MOVER DEUS

A oração existe para levantar a sua fé, não para mover Deus, porque, se ele precisasse da nossa oração para agir, não seria Deus. Se ele já soubesse que você não tem necessidades, não seria onipotente. Se ele não tivesse amor pela sua dor, não seria o Deus de amor, misericórdia e longanimidade.

Então por que precisamos orar e ter fé? Não é para Deus, mas para nós mesmos. É para levantarmos a expectativa, nos firmar na condição de que Deus pode agir sobre nós. É para nos levar a uma posição na qual possamos abrir espaços para que o poder de Deus atue em nossa vida.

É difícil Deus agir na vida de uma pessoa sem expectativas. Se ele trabalhar em sua mente, em seu coração, e começar a levar você a uma curiosidade, a uma expectativa mais espiritual, porém, certamente

Quando você recebe uma mensagem e essa mensagem é ouvida com fé, ela traz o poder de levar você ao território do descanso.

haverá de criar um novo ambiente. E é nesse ambiente que o poder de Deus se manifestará.

Esse é o ambiente do Reino de Deus. E esse Reino é invisível; um ambiente que potencialmente está dentro da Igreja. O Reino de Deus é um ambiente espiritual, mas, embora muitas pessoas estejam presencialmente sentadas nos bancos das igrejas, muitos estão com a mente na carne e nas suas obras, estão com a mente na depressão e na derrota. Sentem-se amargos e tristes. Assim, não estão propriamente no Reino de Deus. Estão fisicamente na igreja, mas desconectados espiritualmente dela.

Entretanto, quando Deus envia a sua palavra e essa palavra nos ergue, ela nos deixa cheios de expectativas, cheios de fé, e então o nosso coração se prepara para o novo. Estando preparados, o poder de Deus começa a se manifestar.

QUANDO ESCUTA A PALAVRA DE DEUS COM FÉ, VOCÊ CRESCE

Quando você está lutando por milagres físicos, como aumento de salário, curas de enfermidades etc., você está em uma batalha. Quando você recebe uma mensagem e essa mensagem é ouvida com fé, ela traz o poder de levar você ao território do descanso.

Jesus trouxe um conceito bombástico e, muitas vezes, ele concluiu as suas parábolas sem que pudéssemos entender. Por exemplo, ele disse coisas como: "Quem tem ouvidos, ouça. Quem tem olhos para enxergar, veja!". Isso parece óbvio e trivial demais, mas não é. Jesus adiantou um fenômeno fantástico da física quântica.

Nós escutamos pelo ouvido, mas ouvimos por meio do cérebro. Nós vemos com os olhos, mas enxergamos com o cérebro. Sim, não são os seus ouvidos que ouvem, nem os seus olhos que enxergam. Eles trazem o sinal, a ressonância da onda sonora, e a entregam ao cérebro, mas é o cérebro que processa tanto o som quanto a imagem, tanto o ouvir como o enxergar.

E o que você percebe quando escuta? Observe que o texto afirma que palavra "de nada lhes adiantou", porque eles não ouviram com fé. Eles tinham um preconceito.

Muitas vezes, você não processa algo porque já tem um conceito formado e aquilo não tem o poder de mudar o seu cérebro; aquilo não tem o poder de mudar as suas imagens e os conceitos que você tem. Você ouve de mau grado, por não dar atenção, ouve "de qualquer jeito" e não processa a informação de forma adequada na mente. Assim, as coisas não irão mudar em sua vida.

Agora, se ouvir de bom grado, se parar para ouvir a outra pessoa, sorrir, olhar nos olhos e permitir que a outra pessoa fale, ouvindo com atenção, então poderá esperar por grandes mudanças.

Jesus disse que eles tinham preconceitos, ou seja, os cérebros estavam travados, o coração era preconceituoso, a mente deles estava endurecida. Estar com o coração duro quer dizer que o que você vai me passar não tem a capacidade de mudar os meus valores, de alterar os meus conceitos. Mas isso Deus pode fazer, e o faz, pelo poder da sua Palavra.

Por isso, você deve ouvir a Palavra de Deus com fé e, toda vez que fizer isso, irá crescer, porque o crescimento advém da compreensão de algo novo.

Toda vez que você achar que já sabe tudo, permanecerá o mesmo. Você só crescerá quando tiver novas revelações, novos conhecimentos e novas informações que forem assimiladas. Então escute com fé, porque isso é o que leva você a crescer, é o que o leva a alcançar territórios nos quais você não havia chegado.

Acenda a luz que estava apagada dentro de você. Para isso, você precisará ouvir com fé e compreender os sinais. Agindo assim, estará sendo sensível ao que Deus quer mostrar a você, porque os seus olhos serão abertos, o seu coração será maleável e os seus conceitos serão alterados. Você ouvirá de bom grado e, então, Deus acrescentará novos conhecimentos em sua vida. Você crescerá, tornando-se, assim, uma nova pessoa.

Nunca tenha medo de confiar
um futuro desconhecido
a um Deus conhecido.

Corrie ten Boom

CAPÍTULO 7

O poder de Deus em ação

A história da mulher com fluxo de sangue (Marcos 5.25-34), já citada anteriormente, descreve aquilo que põe o poder de Deus em ação.

Imagine a cena: uma mulher desesperada, uma multidão em busca de cura, libertação, amor. De repente, essa mulher percebe que ainda resta a ela uma chance. Talvez a última tentativa para se curar de uma enfermidade que a estava matando aos poucos. A enfermidade já tinha roubado tudo que ela possuía: família, dinheiro e paz. A fé liberada por meio do seu toque em Jesus trouxe a cura, a honra e, especialmente, a vida.

Talvez você, que está lendo este livro agora, esteja passando por problemas de saúde, conflitos familiares, arrocho financeiro e tantas outras dificuldades que aparecem. Eu posso afirmar que você não está só. Há uma esperança à sua espera. O Inimigo vive trazendo problemas, impondo dificuldades e criando situações ruins. A única maneira de você ficar livre disso é reconhecendo e declarando que Deus atua em sua vida.

Aquela mulher descobriu que todo o dinheiro que possuía não a livrara do mal. Ela chegou a gastar tudo que tinha e, mesmo assim, continuou enferma.

Existem, hoje, inúmeras pessoas que, para ficarem livres do mal, gastam seus recursos financeiros e outros bens com médicos e até com trabalhos de feitiçaria e magia, recorrendo às chamadas curas mediúnicas. Tudo isso é em vão.

A Bíblia nos mostra, por meio dessa mulher, que você deve pôr o poder de Deus em ação, porque isso, sim, livrará do mal. Algumas pessoas têm consciência disso, mas não agem da forma que deveriam, uma vez que é difícil saber como pôr o poder de Deus em ação.

Essa mulher soube fazer isso. Ela queria ser curada e tinha o entendimento de que, para tal, o poder de Deus teria que agir em sua vida. Por isso, ela acreditou na "transferência" do poder de Deus ao tocar nas vestes de Jesus.

A ideia de tocar nas vestes surgiu pela maneira de Jesus se vestir. Ele usava vestes em cujas bainhas haviam quatro franjas, e essas franjas tinham alguns nós. Elas representavam, para os judeus, as promessas de Deus descritas na Palavra. Por isso, eles, ao orar, seguravam nessas franjas, acreditando que cada nó representava uma promessa. Essa mulher entendeu os três princípios da bênção, que são:

Primeiro: ficar livre do mal.

Segundo: só é possível ficar livre do mal quando o poder de Deus começar a agir. Para isso, é preciso aprender a pôr o poder em ação.

Terceiro: para pôr o poder em ação, é necessário se aproximar da influência espiritual de Jesus.

Quando as pessoas são treinadas e desafiadas, elas aprendem a pôr o poder de Deus em ação.

Não foi a oração ou a consagração dessa mulher que a salvou, mas a sua fé. Quando as pessoas são treinadas e desafiadas, elas aprendem a pôr o poder de Deus em ação.

Jesus, ao ver a multidão (Marcos 6.30-44), disse aos seus discípulos que não iria dispensá-los de mãos vazias. Muitas vezes, Deus permite que você passe por situações de extrema necessidade não para o envergonhar, mas para que a sua fé seja posta em ação. Ele não o leva a situações difíceis para que você seja humilhado, mas para o honrar. A dependência de Deus nos leva a um lugar de honra.

A fé não é apenas o ato de liberar palavra, mas também de crer no coração e agir. É preciso fazer algo de concreto para expressar a fé. Ela precisa se materializar. Existem alguns cristãos que, em vez de ir à luta, ficam na dependência de Deus, à espera de que um dia ele aja. Não pode haver cristão vencedor agindo dessa maneira. A fé precisa se materializar, pois só assim os milagres se tornarão reais.

Em Mateus 8.23-27, lemos:

> Entrando ele no barco, seus discípulos o seguiram. De repente, uma violenta tempestade abateu-se sobre o mar, de forma que as ondas inundavam o barco. Jesus, porém, dormia. Os discípulos foram acordá-lo, clamando: "Senhor, salva-nos! Vamos morrer!". Ele perguntou: "Por que vocês estão com tanto medo, homens de

pequena fé?". Então ele se levantou e repreendeu os ventos e o mar, e fez-se completa bonança. Os homens ficaram perplexos e perguntaram: "Quem é este que até os ventos e o mar lhe obedecem?".

No meio da tempestade, os que tinham fé dormiam, enquanto os incrédulos estavam desesperados. Fé não é grito, arrepio, expressões físicas, mas a serenidade interior, a segurança do caminho que o conduzirá às bênçãos. Jesus possuía natureza humana, porém era revestido da plenitude do Espírito Santo. Ele veio ensinar como viver na plenitude de fé.

AO ENTRAR NO UNIVERSO DA FÉ, VOCÊ ENTRA NO UNIVERSO DAS EXPECTATIVAS

Hebreus 6.13-15 diz: "Quando Deus fez a sua promessa a Abraão, por não haver ninguém superior por quem jurar, jurou por si mesmo, dizendo: 'Esteja certo de que o abençoarei e farei numerosos os seus descendentes'. E foi assim que, depois de esperar pacientemente, Abraão alcançou a promessa".

Todos os que são da fé são filhos de Abraão. Se você é da fé em Jesus Cristo, é herdeiro de Abraão, porque a Bíblia diz, na carta aos Gálatas, que Abraão é o nosso pai na fé. Contudo, quando começamos a andar com Deus, descobrimos que Abraão foi um homem que perseguiu uma promessa. Por isso, se você tem uma promessa para a sua vida, algo que você persegue com esperança, é preciso que tenha, também, a expectativa de que isso irá acontecer. Não viva uma vida sem expectativas, porque, quando você entrar no universo da fé, entrará no universo das expectativas.

Se você tem fé, tem expectativa de que amanhã o seu cônjuge irá se converter, que o seu filho estará de volta a sua casa, que você terá a sua cura e que haverá vitória em todas as áreas nas quais há alguma necessidade de algo novo. Quando você tem fé, alguma coisa o motiva a prosseguir para o futuro.

Algumas pesquisas científicas detectaram que o nosso organismo biológico é condicionado pelo nosso cérebro. Então o cérebro humano emite comandos, tanto pelo pensamento quanto pelo sentimento, para os nossos diversos tipos de órgãos. Entre eles, estão as fontes de nossos hormônios, que são modelados pelo nosso cérebro, pelo nosso pensamento e pelo nosso sentimento. Logo, é o nosso cérebro que prepara o nosso organismo.

Uma das coisas que a medicina descobriu foi que pessoas na terceira idade que têm expectativas, esperanças, vivem mais, porque as expectativas

A FÉ NÃO É APENAS O ATO DE LIBERAR PALAVRA, MAS TAMBÉM DE CRER NO CORAÇÃO E AGIR.

modulam os hormônios do organismo. Mas, quando não há expectativas, elas adoecem, caem em depressão, começam a ter artrite, artrose etc.

Dessa maneira, uma pessoa que está na "melhor idade", na idade da maturidade, e tem expectativas e sonhos, viverá melhor. Por outro lado, uma pessoa que não tem qualquer expectativa, que não tem uma visão de futuro clara e específica, que não enxerga nada além do seu dia a dia, ela prepara o seu próprio organismo para definhar, porque o corpo é condicionado pela mente.

Algumas pessoas perguntam como foi possível a Sara ficar grávida aos 90 anos de idade, quando ela já não ovulava mais. Se ela acreditava na palavra de Deus, se dentro dela havia a expectativa, então, o seu organismo podia muito bem ser renovado. Por isso, não importa a situação, se Deus deu uma palavra, a palavra dele moverá o seu corpo, moverá todos os órgãos do seu organismo, e ela chamará à existência aquilo que Deus falou que você terá.

E como funciona o processo de cura divina? Como é que o Espírito Santo vem, toca e remove uma célula cancerígena? Ele faz isso por meio do seu próprio organismo. O Espírito Santo afina as defesas do corpo. Deus geralmente usa as leis da natureza a nosso favor. Por isso, você tem que guardar a sua

Alimente a sua fé, alimente a sua expectativa alicerçado na promessa de Deus.

mente para pensar em coisas boas, para ter expectativas em coisas positivas. Mentes que são alimentadas com violência, sangue, medo e horror produzem e liberam poluição.

Abraão tinha um quadro diante dele e recebera uma promessa clara de Deus. Qual é o seu quadro? Qual é a promessa que alimenta o seu futuro?

Não acredite no pessimismo, nos problemas da economia, nos problemas da família e na saúde debilitada. Acredite na prosperidade e nas bênçãos. Se houver uma crise econômica, ela não o atingirá, porque você faz parte do povo da fé. Por isso, alimente a sua fé, alimente a sua expectativa alicerçado na promessa de Deus.

A fé significa literalmente
"desistir, render-se ou cometer".
A fé é total confiança.

Billy Graham

Capítulo 8

Os planos de Deus para alcançarmos a plenitude

O cristianismo passou por uma fase cheia de religiosidade, de ordens, de filosofia, de histórias, contudo, vazia. Mover, movimento, método e monumento: o cristianismo nasceu nesses ambientes. Tenso, forte, sagrado, ungido, ele cresceu e se tornou ele próprio um movimento.

Mover e movimento são bênçãos. O problema é quando o cristianismo se torna um método. Por exemplo, houve um período em que era preciso tocar os sinos para as pessoas serem ungidas. Com o tempo, o método se tornou vazio e restou apenas um monumento.

Ao procurar os ramos do cristianismo, encontra-se mais monumento e método do que mover e movimento. O mover genuíno de Deus gera lágrimas nos olhos, corações quentes, jejum, joelhos no chão, oração, vigílias, vidas se convertendo, milagres.

O cristianismo se divide até hoje em história, filosofia e experiência. Ficar preso à história e à filosofia leva a pessoa a se tornar a mais pobre criatura, porque o cristianismo veio para ser experiência, para esquentar os corações, para arder a alma, para molhar os olhos com lágrimas. Ele veio para mostrar que o Deus de milagres é o mesmo que está hoje em seu coração, em sua casa, que Deus que caminha com você, envia as bênçãos quando é necessário.

Isso se chama experiência, isto é, o poder de Deus em ação, em movimento.

O cristianismo é a janela para a eternidade. Jesus veio como homem para ensinar que é possível viver neste mundo e ter uma ponte para a eternidade.

Já pensou em um mundo sem que houvesse a eternidade? O homem viveria apenas a dimensão propriamente humana e nada mais. Jesus veio como homem, completo, pleno. Viveu uma vida totalmente consagrada a Deus. Ele demonstrou, com seu estilo de vida, que é possível estar ligado ao sobrenatural. Assim, os cristãos, mesmo vivendo neste mundo, podem receber a manifestação da fé, que os livra do mal. Dessa forma, consegue-se viver harmoniosamente. Essa é a proposta de Deus e do evangelho, entre ambos os mundos e neste mundo especificamente.

Lemos em João: "Nele estava a vida, e esta era a luz dos homens" (1.4).

Essa luz serve para guiar. O que dá a certeza de que Jesus, realmente, é o Filho de Deus é a sua vida. Quem não tem luz e resultados não serve para iluminar.

As pessoas costumam associar vida com dias vividos no calendário. Mas a vida, referida aqui, não está nesse contexto natural, e sim no contexto de plenitude, realização, ressonância com o mundo espiritual, totalidade da glória de Deus em seu caminho. Vida

O MOVER GENUÍNO DE DEUS GERA LÁGRIMAS NOS OLHOS, CORAÇÕES QUENTES, JEJUM, JOELHOS NO CHÃO, ORAÇÃO, VIGÍLIAS, VIDAS SE CONVERTENDO, MILAGRES.

significa realizar tudo o que foi proposto, viver tudo o que foi determinado por Deus.

O texto de João 1.5-9 mostra como se deve crer:

> A luz brilha nas trevas, e as trevas não a derrotaram. Surgiu um homem enviado por Deus, chamado João. Ele veio como testemunha, para testificar acerca da luz, a fim de que por meio dele todos os homens cressem. Ele próprio não era a luz, mas veio como testemunha da luz. Estava chegando ao mundo a verdadeira luz, que ilumina todos os homens.

João Batista foi o homem enviado por Deus para pregar o arrependimento e testificar a vinda de Jesus e, para isso, coube a ele preparar o caminho. Jesus veio para mostrar que a fé põe o mundo espiritual em ação, em movimento. A Bíblia revela que o nome de Jesus de Nazaré foi modificado para Jesus Cristo, logo depois que ele foi batizado. Essa mudança ocorreu porque, logo após o batismo, o Espírito Santo veio sobre ele, em forma de pomba. A palavra "Cristo" quer dizer ungido, para o propósito de anunciar as boas-novas de salvação, de um novo tempo, de uma libertação eterna na qual o homem podia crer.

A fé põe o mundo espiritual em movimento. Jesus veio como modelo para mostrar como viver neste mundo e pôr o poder de Deus em ação.

João 1.10-13 diz:

> Aquele que é a Palavra estava no mundo, e o mundo foi feito por intermédio dele, mas o mundo não o reconheceu. Veio para o que era seu, mas os seus não o receberam. Contudo, aos que o receberam, aos que creram em seu nome, deu-lhes o direito de se tornarem filhos de Deus, os quais não nasceram por descendência natural, nem pela vontade da carne nem pela vontade de algum homem, mas nasceram de Deus.

A oração fecha o circuito com o mundo espiritual e nos leva a pôr o poder de Deus em ação. Ela completa, vivifica. Na oração, expressamos nossa dependência de Deus em cada assunto da nossa vida. Assim, deixamos uma porta para Deus passar suas bênçãos. A fé conduz às promessas de Deus.

Hebreus 3.12-19 diz:

> "Cuidado, irmãos, para que nenhum de vocês tenha coração perverso e incrédulo, que se afaste do Deus vivo. Pelo contrário, encorajem-se uns aos outros todos os dias, durante o tempo

que se chama 'hoje', de modo que nenhum de vocês seja endurecido pelo engano do pecado, pois passamos a ser participantes de Cristo, desde que, de fato, nos apeguemos até o fim à confiança que tivemos no princípio. Por isso é que se diz: 'Se hoje vocês ouvirem a sua voz, não endureçam o coração, como na rebelião'. Quem foram os que ouviram e se rebelaram? Não foram todos os que Moisés tirou do Egito? Contra quem Deus esteve irado durante quarenta anos? Não foi contra aqueles que pecaram, cujos corpos caíram no deserto? E a quem jurou que nunca haveriam de entrar no seu descanso? Não foi àqueles que foram desobedientes? Vemos, assim, que por causa da incredulidade não puderam entrar".

A oração, o jejum e a consagração levam à fé. Quando Deus deseja abençoar o homem, ele põe fé em seu coração. Os apóstolos entenderam que a ênfase de Jesus foi em um coração cheio de fé. O Senhor demonstrou àquela geração o seu poder, abençoando de diversas formas, mas o coração daquele povo estava endurecido, com resistência no praticar.

Tenha cuidado para não acontecer com você o que aconteceu com os israelitas, que não entraram na promessa de Deus, porque não ouviram com o coração, mas com a mente. Eles não estavam dispostos a entrar no propósito de Deus.

Em Hebreus 4.1,2, lemos:

Quando Deus deseja abençoar o homem, Ele põe fé em seu coração.

Visto que nos foi deixada a promessa de entrarmos no descanso de Deus, que nenhum de vocês pense que falhou. Pois as boas-novas foram pregadas também a nós, tanto quanto a eles; mas a mensagem que eles ouviram de nada lhes valeu, pois não foi acompanhada de fé por aqueles que a ouviram.

Deus não criou você para o fracasso, mas para crer. E, para isso, é preciso ouvir a Palavra. O homem falha quando não permanece com fé, ou seja, quando não põe o coração naquilo que crê. Lembre-se sempre de que é do coração que procedem as fontes da vida.

Você descansa quando atinge a perfeita vontade do Senhor, quando chega à plenitude do seu ministério, da sua família, do projeto que Deus estabeleceu sobre a sua vida.

Ponha o seu coração em Deus. Muitas vezes, as pessoas não conseguem discernir a voz de Deus. O maior poder que o homem possui é o de ouvir a palavra de Deus, pois ela criou o Universo e está à sua disposição. Ela vem para transformar, tornar-se realidade, testificar em ações. Essa é a palavra da fé.

Certos cristãos também não conseguem distinguir a sua alma de seu espírito. São imaturos. Quando Jesus chorou e suou gotas como de sangue, momentos antes de ser crucificado, ele conseguiu separar espírito de alma. A alma dele estava ferida, pois nela estavam as emoções, o intelecto e a vontade. Mas o seu espírito estava firme com o propósito de Deus. No espírito, você abençoa, é sereno, manso, meigo. Todavia, só é possível ser assim quando a alma está separada do espírito. Caso contrário, a alma prevalecerá.

A Palavra alimenta, torna plena a alma, reproduz coisas novas e conduz aos milagres. Ela ajuda a discernir se algo procede de Deus ou se procede da carne. Por isso, o cristão cheio do Espírito é maduro, porque sabe discernir a natureza de uma manifestação. Já o cristão imaturo mistura a vontade de Deus com a sua própria vontade, uma vez que não possui, ainda, entendimento para enxergar. Não tenha vergonha de Deus. Achegue-se a ele confiantemente.

O propósito dos milagres não é apenas nos abençoar, mas nos oferecer segurança, proteção e também gerar fé em Deus.

Em João 20.24-31, lemos:

> Tomé, chamado Dídimo, um dos Doze, não estava com os discípulos quando Jesus apareceu. Os outros discípulos lhe disseram: "Vimos o Senhor!". Mas ele lhes disse: "Se eu não vir as marcas dos pregos nas suas mãos, não colocar o meu dedo onde estavam os pregos e não puser a minha mão no seu lado, não crerei". Uma semana mais tarde,

os seus discípulos estavam outra vez ali, e Tomé com eles. Apesar de estarem trancadas as portas, Jesus entrou, pôs-se no meio deles e disse: "Paz seja com vocês!". E Jesus disse a Tomé: "Coloque o seu dedo aqui; veja as minhas mãos. Estenda a mão e coloque-a no meu lado. Pare de duvidar e creia". Disse-lhe Tomé: "Senhor meu e Deus meu!". Então Jesus lhe disse: "Porque me viu, você creu? Felizes os que não viram e creram". Jesus realizou na presença dos seus discípulos muitos outros sinais milagrosos, que não estão registrados neste livro. Mas estes foram escritos para que vocês creiam que Jesus é o Cristo, o Filho de Deus e, crendo, tenham vida em seu nome.

Jesus veio anunciar a chegada do Reino de Deus, ou seja, para que todas as pessoas vivam debaixo do domínio do Senhor. Ao pôr a sua vida debaixo do governo de Deus, você tem fé para conquistar tudo o que precisa. Isso gera vida abundante.

Algumas pessoas acreditam que a sua bondade vai acionar os mecanismos celestiais e tornar a vida mais justa e fácil. Elas se esquecem de que a integridade está ligada ao compromisso que se tem com os valores nos quais acreditam, com Deus e com a eternidade. A vida é um equilíbrio das forças do bem e do mal. Por isso, a vida não é completamente justa. Não espere a vida o recompensar pelo fato de você ser

O QUE TRAZ VITÓRIA E SUCESSO PARA A SUA VIDA É VOCÊ TER FÉ E LUTAR POR AQUILO EM QUE ACREDITA.

justo, bom ou bonito. O que traz vitória e sucesso para a sua vida é você ter fé e lutar por aquilo em que acredita. Mas, quando você confia e luta, Deus vem pôr tudo em ordem. Chegou a sua hora de vencer!

Quando não conseguimos crer, as dificuldades se tornam piores. Elas vêm com força total para destruir os seus sonhos e os seus projetos.

A fé não é a crença de que
Deus fará o que você quiser.
A fé é a crença de que
Deus fará o que é certo.

Max Lucado

Capítulo 9

A pregação da fé libera o Espírito do Senhor

Veja o que está escrito em Gálatas 3.2-5

> Gostaria de saber apenas uma coisa: foi pela prática da Lei que vocês receberam o Espírito, ou pela fé naquilo que ouviram? Será que vocês são tão insensatos que, tendo começado pelo Espírito, querem agora se aperfeiçoar pelo esforço próprio? Será que foi inútil sofrerem tantas coisas? Se é que foi inútil! Aquele que dá o seu Espírito e opera milagres entre vocês realiza essas coisas pela prática da Lei ou pela fé com a qual receberam a palavra?

Toda vez que você ouve a Palavra de Deus pregada com fé, o Espírito do Senhor está sendo liberado. É a pregação da fé. Quando eu prego, eu tenho que ter fé na Palavra, porque uma palavra pregada, embora seja palavra, sem fé se torna filosofia. Ela é história ou filosofia e não muda a vida das pessoas. Ela instrui, mas não transforma.

O que queremos é ser transformados à imagem do Senhor Jesus. Eu quero ser mais santo, orar mais, falar mais das coisas de Deus. As pessoas que têm um bom tempo de jornada na fé correm um grande risco de ver escândalos e tantas loucuras, e isso pode esfriar a fé. Mas não deixe que os golpes da vida apaguem as chamas do seu coração.

Pegue os golpes da vida e use-os como exemplos para você dizer a si mesmo: "Jesus já tinha avisado, já nos havia prevenido". Tudo o que acontece, Jesus já havia avisado que aconteceria; nada é novo e nada poderá nos surpreender.

Às vezes você se surpreende não por aquilo que vem contra você, mas pelo fato de proceder de pessoas de quem não esperava. Jesus não se surpreendeu com o fato de ter sido vendido por Judas. O que surpreendeu Jesus foi o fato de ter dado a Judas, durante a ceia, a oportunidade de escolher o bem e Judas ter optado pelo mal. Jesus confiou em Judas até que ele mesmo se condenasse.

Jesus nunca predetermina o futuro de uma pessoa. Algumas pessoas dizem que Judas nasceu para trair Jesus, de modo que ele estava destinado a fazer isso. Ora, se há predeterminação, então Deus não é justo, porque a pessoa já vem marcada para fazer algo específico. Já vem destinada a essa sina, a essa trajetória.

Mas aí você pode perguntar: "Mas Deus não sabe todas as coisas?" Ele sabe, e isso é onisciência, que quer dizer que ele sabe tudo, que tem ciência do ontem, do hoje e do amanhã; a onisciência vem pelo conhecimento das escolhas que as pessoas farão, não por predeterminação da parte de Deus.

O que queremos é ser transformados à imagem do Senhor Jesus. Eu quero ser mais santo, orar mais, falar mais das coisas de Deus.

Deus realmente sabia da traição de Judas, porque ele escolheu o dinheiro em vez de seguir Jesus, mas não foi Deus quem assim determinou. Deus não determina o meu e o seu destino; ele nos dá opções de escolhas, que são feitas por meio do livre-arbítrio. Depois que nós escolhemos, aí, sim, ele escreve no livro.

Jesus diz que todos são chamados, mas nem todos são escolhidos. Deus não é injusto para determinar; ele é justo para aceitar o que você escolheu. Você tem direito ao livre-arbítrio, mas também tem que arcar com as suas consequências. Deus é maravilhoso e ele dá oportunidades para você crescer em qualquer situação da sua vida.

A BÊNÇÃO VEM AO SEU ENCONTRO

Você nasceu para produzir frutos. Trabalhe, faça a sua parte com zelo, pois as bênçãos do Senhor irão correr atrás de você. Enquanto você cuida da obra de Deus, ele está cuidando das suas coisas. Enquanto você edifica a casa de Deus, ele edifica a sua casa. Pregue a Palavra, dê testemunho, estude, seja fiel, envolva-se na obra de Deus, pois a unção é atraída enquanto se caminha.

Apenas ouvir a voz de Deus não traz segurança. É preciso agir. Ouvir introduz a ação.

Deus faz que o seu corpo, o seu físico, a sua alma e o seu espírito suguem as bênçãos das mãos dos ímpios como um ímã. É o que está escrito em Deuteronômio 28.1: "Se vocês obedecerem fielmente ao Senhor, o seu Deus, e seguirem cuidadosamente todos os seus mandamentos que hoje dou a vocês, o Senhor, o seu Deus, os colocará muito acima de todas as nações da terra".

Apenas ouvir a voz de Deus não traz segurança. É preciso agir. Ouvir introduz a ação. Para a bênção ser completa, deve-se primeiro ouvir, depois guardar, para poder obedecer e praticar. Isso é possível quando se tem o que está escrito em 2Pedro 1.5-7: virtude, conhecimento, domínio próprio, perseverança, piedade, fraternidade e amor. O Espírito Santo conduz suavemente a essas coisas.

É preciso perseverar, gastar tempo para gerar milagres. Sara e Abraão esperaram com paciência. Deixe que o Espírito Santo prepare a sua vida.

Não se deixe derrotar pelo Inimigo. Não entregue a sua alma. Aprenda a ouvir a voz de Deus.

Onde está firmada a sua fé? Em sentimentos ou circunstâncias? Nossa fé está firmada em Cristo, que muda sentimentos e circunstâncias!

Lúcia Rodovalho

Capítulo 10

A fé que nos faz perseverar

O povo de Israel viu muitos milagres ao sair do Egito, mas não acreditou nas promessas de Deus e, por causa da sua incredulidade, foi excluído da possibilidade de entrar na terra prometida. Assim, da mesma maneira, Deus não o chamou para ficar de fora da promessa, mas para entrar na terra que ele prometeu.

Em Hebreus 4.1,2, lemos:

> Visto que nos foi deixada a promessa de entrarmos no descanso de Deus, que nenhum de vocês pense que falhou. Pois as boas-novas foram pregadas também a nós, tanto quanto a eles; mas a mensagem que eles ouviram de nada lhes valeu, pois não foi acompanhada de fé por aqueles que a ouviram.

Sem fé, a palavra se torna estéril, não tem utilidade. Ela pode até, no primeiro momento, trazer refrigério, acalmar, mas não produzirá frutos nem moldará a sua vida.

Deuteronômio 1.30-32 diz:

> O Senhor, o seu Deus, que está indo à frente de vocês, lutará por vocês, diante de seus próprios olhos, como fez no Egito. Também no deserto vocês viram como o Senhor, o seu Deus, os carregou, como um pai carrega seu filho, por

todo o caminho que percorreram até chegarem a este lugar. Apesar disso, vocês não confiaram no SENHOR, o seu Deus.

O Senhor pegou nos braços o seu povo quando ele estava no deserto. Aquela geração inteira esteve no colo de Deus, e, mesmo assim, continuou incrédula — o que é uma lástima.

Muitas vezes, Deus mostra a você um lugar de bênçãos, mas com a presença de muitos gigantes. A reação de alguns é retroceder, como os espias de Israel; a reação de outros é avançar. A conquista só é obtida batalha após batalha. O avanço é irreversível. Ao vencer lutas espirituais, os gigantes não atormentam mais. Outras lutas vão aparecer, mas serão novos desafios, que nos levarão a novas conquistas, pois os anteriores foram vencidos para sempre.

Quem o sustenta espiritualmente é a sua raiz. Por isso, ela deve estar em terreno fértil e seguro. Assim, é importante estar debaixo da cobertura e proteção de Deus e sempre obter um bom treinamento. Estude a Palavra de Deus, pois a sabedoria se alcança pela busca intencional. Ela está logo ali, gritando para quem quiser ouvi-la e apoderar-se dela.

Para ser um grande líder, você precisa vencer. Construir coisas duradouras não é tarefa fácil, mas não desista! Deus mostra como se deve andar.

Quem o sustenta espiritualmente é a sua raiz. Ela deve estar em terreno fértil e seguro.

Se até agora a sua vida tem sido somente de desilusões e tristezas, este é o momento de entregar tudo nas mãos de Deus. Se você já tentou de tudo para ser feliz e não conseguiu o que queria, esta é a hora da sua vitória. Peça ao Senhor para dar a você força e confiança e, assim, você descobrirá que Deus ainda poderá dar muito além do que imagina.

EM MEIO AOS DESAFIOS, DEUS SE REVELA

Muitas vezes, deparamos com situações e crises que provam nossas atitudes diante de escolhas entre aquilo que Deus nos propõe e as coisas que o mundo nos oferece. Podemos ser criticados, pois o Diabo não poupará esforços para nos desviar do nosso objetivo de servir ao Senhor. Mas, se optarmos por continuar firmes e irrepreensíveis diante de Deus e do mundo, seremos evidenciados e teremos em Deus um aliado para lutar em nossas guerras.

Muitas pessoas pensam que as lutas vêm para nos abater. Mas, *a Bíblia nos mostra que as lutas são desafios que promovem o engrandecimento. Elas não vêm para nos destruir, mas constituem oportunidades para revelar a grandeza de Deus.* O Diabo, mesmo sabendo que não pode nos vencer, se opõe a nós com o objetivo de nos desgastar, de abalar a nossa fé. Contudo, se

Em meio aos desafios, Deus se revela a nós, transforma nossas provações em oportunidades, nos faz crescer e romper em fé.

permanecermos firmes, os desafios servirão para fortalecer os nossos laços de comunhão com Deus.

Ana passou um momento de grande aflição e amargura, uma crise muito séria que a devorava interiormente. Em meio a essa crise, ela buscou o Senhor e recebeu resposta para a sua dor. A crise não conseguiu destruir essa mulher. Pelo contrário, em meio ao desafio, ela gerou um dos homens mais importantes da história de Israel.

Aos nossos olhos, a atitude de Penina, rival de Ana, foi maléfica. Contudo, ela foi responsável por produzir em Ana a força e a disposição para lutar e mudar a situação em que se encontrava. Foi esse desafio que produziu a vitória. Se Ana não fosse desafiada, provavelmente se conformaria com a própria esterilidade, se conformaria a conviver com a sua frustração. Mas, diante do sofrimento, ela reagiu e lutou até alcançar o seu milagre. Em meio aos desafios, Deus se revela a nós, transforma nossas provações em oportunidades, nos faz crescer e romper em fé, fazendo-nos ver o sobrenatural. E, assim como Ana, poderemos dizer que "o Senhor me deu vitória no meu desafio"!

O PODER QUE TEM A FÉ

A vida traz dificuldades para todos. Às vezes, quem tem dinheiro não vive tão bem como muita gente que não tem, porque vive embaixo de tormenta e de brigas. Mas, se você tem fé, não recua; você avança. As dificuldades podem até surgir, mas existe um caminho para que você construa uma vida tranquila, que é a vitória na cruz de Cristo Jesus, cumprindo o que está escrito em Salmos 23.1,2: "O Senhor é o meu pastor; de nada terei falta. Em verdes pastagens me faz repousar e me conduz a águas tranquilas".

Em Hebreus, lemos:

> Ora, a fé é a certeza daquilo que esperamos e a prova das coisas que não vemos.
>
> Pois foi por meio dela que os antigos receberam bom testemunho. Pela fé entendemos que o universo foi formado pela palavra de Deus, de modo que aquilo que se vê não foi feito do que é visível (Hebreus 11.1-3)

Em meio às dificuldades, aparece a fé, porque o justo vive da fé e não retrocederá. Com Deus, podemos passar por dificuldades, mas elas serão momentâneas, durarão até quebrarmos o poder das trevas. Mas, quando rompemos esse poder, acabou a luta e a dificuldade; uma chuva de milagres vem sobre nós.

A fé está entrelaçada com a esperança, que é uma visão de futuro com possibilidades. Então a fé é essa esperança, que passa a ser certeza ao seu coração, a certeza do que se espera.

Saia do nível de esperança e passe a ter certeza de que as promessas de Deus vão se estabelecer sobre a sua vida.

Quando você fala, sua fé está selada! Proclame as maravilhas e os milagres que Deus tem feito em sua vida! Renda-se a ele!

Robson Rodovalho

Capítulo 11

O pai da fé

Há muito tempo, o relacionamento do Senhor com os homens era algo visível; era um relacionamento em que ele se revelava aos homens por intermédio dos sentidos humanos: visão, audição, tato. Tanto era assim que, quando os anjos apareciam, eles comiam com Abraão, Isaque e Jacó. Havia uma relação visível. Mas em determinado momento, depois de Noé, parece que Deus se escondeu.

Ele se escondeu no véu da imaterialidade. E nós não o vimos mais depois do aparecimento de Noé, quando havia fatos que apontavam para uma espiritualidade real, incontestável. Considere os *nefilins*, que eram filhos de anjos, como já dissemos no capítulo 4 deste livro. Se havia aqueles gigantes, então havia um sinal concreto, irrefutável, de um lado misterioso que a humanidade não entendia; esse era um lado espiritual da experiência, um lado que vinha de anjos, que falava com os homens e remetia a toda a verdade do mundo espiritual.

Depois de Noé, acabou essa experiência. Deus aparentemente se escondeu. E tem uma palavra no texto de Êxodo 3.15, derivada do hebraico *olam*, que quer dizer "eterno": "Esse é o meu nome para sempre, nome pelo qual serei lembrado de geração em geração".

A palavra *olam* quer dizer "eterno", "mundo". Também quer dizer "escondido". Deus, o eterno escondido do mundo. Depois de Noé, nós nunca mais tivemos uma manifestação visível do Senhor. O autor de Hebreus explica isso ao dizer assim: "mas nestes últimos dias falou-nos por meio do Filho, a quem constituiu herdeiro de todas as coisas e por meio de quem fez o universo" (1.2). Foi a última revelação de Deus em Jesus. Mesmo assim, ele não veio como anjo, mesmo tendo características sobrenaturais: andava sobre as águas, multiplicava os pães, reluziu no monte da resplandecência, da transfiguração, mas ele era um homem.

A decisão de Deus de se esconder no mundo material tem congruência com a troca da linguagem do Senhor pela fé. Deus introduziu a fé quando percebeu que a humanidade, enquanto havia contato com a divindade visível e palpável, não era despertada para a espiritualidade. Então o Senhor criou um critério diferente. Em vez de Deus estar de certa forma "invadindo" o mundo material, fez um universo paralelo, que é o mundo espiritual, onde nós aprendemos a entrar, a interagir e a ver os resultados em nossa vida. É maravilhoso entender isso.

Abraão foi e é chamado de "o pai da fé", tornando-se a semente das três religiões monoteístas: judaísmo, islamismo e cristianismo. Abraão teve um

Deus introduziu a fé quando percebeu que a humanidade, enquanto havia contato com a divindade visível e palpável, não era despertada para a espiritualidade.

filho com sua esposa, Sara, chamado de Isaque, o qual deu dois netos a Abraão: Jacó e Esaú. Os judeus são filhos de Jacó, que teve 12 filhos, e estes formaram as 12 tribos de Israel. Na verdade, 11 filhos, pois Efraim e Manassés tomaram o lugar de José, seu pai, na sucessão tribal.

Os árabes descendem do filho de Abraão, chamado Ismael, com Hagar, uma escrava egípcia. A ênfase do judaísmo está na obediência; a ênfase do islamismo está na justiça. O *Alcorão*, que é o livro sagrado dos muçulmanos, fala sobre justiça.

O islamismo está concentrado na justiça. Os adeptos dessa religião fazem tudo o que fazem porque acreditam que o islã tem de ser justo. Os atentados que alguns praticam têm esta motivação: corrigir injustiças. *Se vocês machucaram ou promoveram injustiça, então devem ser corrigidos por isso.* O islamismo trabalha com o conceito de justiça. Portanto, nele há ferro, fogo e espada; não há amor, não há perdão, não há misericórdia, não há graça. O Deus do islã, Alá, não salva ninguém e também não ama ninguém. A salvação, como diz o *Alcorão*, é por meio das obras e, mesmo assim se Alá as considerar justas. Do contrário, a pessoa será enviada para o inferno.

O cristianismo também veio de Abraão. Os judeus descendem de Isaque, portanto descendem de

Abraão. Os muçulmanos vieram de Ismael, o primeiro filho de Abraão; e nós viemos do Senhor Jesus Cristo.

Em Gênesis, lemos:

> Aos 70 anos, Terá havia gerado Abrão, Naor e Harã. Esta é a história da família de Terá: Terá gerou Abraão, Naor e Harã. E Harã gerou Ló. Harã morreu em Ur dos caldeus, sua terra natal, quando ainda vivia Terá, seu pai. Tanto Abrão como Naor casaram-se. O nome da mulher de Abrão era Sarai, e o nome da mulher de Naor era Milca; esta era filha de Harã, pai de Milca e de Iscá. Ora, Sarai era estéril; não tinha filhos. Terá tomou seu filho Abrão, seu neto Ló, filho de Harã, e sua nora, Sarai, mulher de seu filho Abrão, e juntos partiram de Ur dos caldeus para Canaã. Mas, ao chegarem a Harã, estabeleceram-se ali. Terá viveu 205 anos e morreu em Harã (Gênesis 11.26-32).

Esse texto narra os primeiros passos de Abraão, a história do nosso pai da fé. Terá teve três filhos: Abraão, Naor e Harã, pai de Ló. Harã morreu antes de seu pai, e isso é algo ruim. Um pai não deveria enterrar um filho. Na visão judaica, é uma agressão um pai sepultar um filho, pois é a ruptura de uma lei do Universo que rege que os filhos enterrem seus pais, não o contrário.

Terá, com seu filho Abraão e seu sobrinho Ló, foi para Canaã. Quem teve a iniciativa da mudança foi o pai de Abraão. Até aqui, não se vê nenhuma fé em Abraão. Ele simplesmente seguiu o pai dele. Deus trabalha na sua vida muito antes de você imaginar. Há pessoas que acham que Deus trabalha na nossa vida só quando estamos na igreja, quando estamos orando, mas muito antes a mão de Deus já estava com você, dirigindo-o, mediante sua relação com o seu pai, sua mãe e assim por diante.

Eles ficaram naquele lugar chamado Hará, e Terá viveu 205 anos e lá morreu. Flávio Josefo, grande historiador judeu do início da Igreja, diz que Abraão foi governador político de Hará e chegou a ser governador de Damasco naquela época. Ou seja, Abraão estava vivendo uma vida natural. Mas ele estava incomodado com Ninrode, que era o imperador no território de Ur dos caldeus. Ele era politeísta e sanguinário, fazia sacrifícios com crianças, era a semente do mal.

Eles saíram para Canaã, mas não chegaram lá, pois o pai de Abraão morreu antes. Terá morreu no meio do caminho, em Hará. Isso, provavelmente, gerou uma crise em Abraão. Ele deve ter pensado: "E agora, o que faço da minha vida? Volto para minha terra, Ur?". A Bíblia não diz que ele estava orando ou que tinha relacionamento com Deus. Diz apenas que ele tinha um bom relacionamento com o pai e a família. Só isso.

E Gênesis diz:

> Então o SENHOR disse a Abrão: "Saia da sua terra, do meio dos seus parentes e da casa de seu pai, e vá para a terra que eu lhe mostrarei. Farei de você um grande povo, e o abençoarei. Tornarei famoso o seu nome, e você será uma bênção. Abençoarei os que o abençoarem e amaldiçoarei os que o amaldiçoarem; e por meio de você todos os povos da terra serão abençoados" (Gênesis 12.1-3).

Na promessa que Deus fez, incluindo-nos na descendência espiritual de Abraão, ele diz: "Farei de você um grande povo [...] e por meio de você todos os povos da terra serão abençoados". Nós não pertencemos à nação de Israel; nós fazemos parte da promessa, que é a bênção de Abraão chegar a todas as famílias da terra, inclusive a sua.

No versículo seguinte, Abraão "vira a chave" e faz a descoberta da fé: "Partiu Abrão, como lhe ordenara o SENHOR, e Ló foi com ele. Abrão tinha setenta e cinco anos quando saiu de Harã" (Gênesis 12.4-5).

Com 75 anos de idade, Abraão começou a crer, a ter fé, a se relacionar com Deus. Essa palavra é especialmente para você que se sente muito velho para fazer alguma coisa relevante em sua vida. Ainda há muito tempo para você. Deus trabalhará na sua vida. Ele só está começando, e você só precisa se dispor.

Setenta e cinco anos era a idade que Abraão tinha quando ouviu a voz de Deus. É dito que ele obedeceu, que ele creu, que ele foi em direção ao desconhecido pela fé. Ele pensou, imagino: "Acho que vou por esse caminho, acho que vou completar a carreira do meu pai, acho que vou chegar lá. Não vou voltar para Ninrode, aquela terra idólatra, aquela civilização de sangue e ódio". E foi isso que ele fez.

Em Gênesis 12, lemos que Deus falou com Abraão e, no capítulo 15, começa a aparecer a resposta na vida dele. Demorou.

Tem demorado a acontecer com você também? É porque Deus está trabalhando em você, na sua mente e no seu coração. O trabalho de Deus não é imediato, demora, leva tempo. No capítulo 12, Abraão começou a ouvir a voz de Deus no seu coração; só mais à frente é que aparece a resposta de Abraão.

Veja: "Levando-o para fora da tenda, disse-lhe: 'Olhe para o céu e conte as estrelas, se é que pode contá-las'. E prosseguiu: 'Assim será a sua descendência'. Abrão creu no SENHOR, e isso lhe foi creditado como justiça" (Gênesis 15.5,6).

Então Deus mostrou o céu para ele e disse: "Conta as estrelas, conta a areia, assim será sua posteridade" (paráfrase minha). E Abraão creu no Senhor, e isso lhe foi creditado como justiça. Aleluia! Então Abraão creu. Jesus foi quem mais usou a palavra "crer" em toda a história da humanidade. Abraão creu no Senhor, por isso ele foi considerado o pai da fé.

Jesus usou esse gancho da relação de Abraão com Deus, em que Deus ensinou Abraão a buscá-lo, mas não no mundo físico, porque ele se escondeu no mundo físico. Busque Deus no mundo metafísico, no mundo espiritual; é no mundo espiritual que ele se revela. Ele nos dá a chave e nos mostra uma nova realidade. O mundo espiritual rege o mundo material.

Abraão creu no Senhor. Paulo desenvolveu as cartas aos Romanos e aos Gálatas em cima desta palavra: fé. Uma única palavra em Gênesis 15 é a base para todo o cristianismo: fé.

A partir de Noé, Deus escondeu a sua face do mundo material, mas ele não se afastou totalmente. Ele apenas mudou do universo físico para o mundo espiritual, deixou o universo perceptível aos nossos sentidos humanos. E, como os nossos sentidos são restritos, nossa visão capta pouco do que existe realmente. Nós não enxergamos muito. Estamos começando a enxergar as galáxias por causa dos telescópios que temos, das lentes gigantes e potentes, e enxergamos o mundo microscópico por causa dos microscópos. Precisamos ampliar os nossos sentidos, os nossos ouvidos. Nossos sentidos são extremamente restritos.

Deus disse: "Vocês não vão me encontrar no mundo material, mas vou dar a vocês uma chave, uma linguagem, os *olhos da fé*. E, se vocês tiverem os olhos da fé, acessarão o mundo espiritual" (paráfrase minha).

Abraão creu. A primeira vez que um homem foi demandado a crer. Deus não mandou Noé crer. Deus não pediu para ninguém antes dele crer. Deus não pediu para Caim crer. A primeira vez que isso aconteceu foi com Abraão, e Deus o mandou crer na sua promessa. Só que aquilo não era uma coisa pontual, que foi ordenado apenas a ele. Aquela palavra que o incitava a crer era uma chave que seria desenvolvida para toda a humanidade.

Deus não está aqui, mas ele deixou as suas marcas. O Universo inteiro tem as marcas da sabedoria de Deus.

Nossa oração é que o Senhor ensine a cada um de nós a crer mais e mais, nos treine e nos dê os olhos da fé, para que possamos, no mundo material, acessar o mundo espiritual, ver, discerni-lo e interagir com ele.

Não brinque com isso, porque é uma chave, um princípio, não é um dom que Deus concede a uma pessoa apenas. É uma maneira de agir, uma linguagem, como a da computação. É uma linguagem para quem quer ser treinado, que se dispõe a aprender, que quer receber, quer estudar o mundo espiritual, porque acredita nele, sabe que ele existe, sabe que ele é verdadeiro; é para quem quer se manter conectado com o Altíssimo.

A maior parte das pessoas se dá por satisfeita e pensa: "Ah, Deus se escondeu, eu não consigo encontrar Deus, materialmente não consigo vê-lo. Então vou ser incrédulo ou ateu". As pessoas se tornam ateias porque acham que não encontraram Deus na revelação da sua presença no mundo material. Deus não está aqui, mas ele deixou as suas marcas. O Universo inteiro tem as marcas da sabedoria de Deus.

Ele se escondeu no mundo material, mas deixou aqui as suas marcas. Contudo, ele é completamente acessível num mundo pertinho do nosso, chamado mundo espiritual. Só que é preciso ter outro olhar, pois tudo é olhar, tudo é uma questão de percepção mediante o olhar da fé. Sua forma de olhar molda a percepção da sua mente. É como aquela analogia dos cegos que encontram um elefante. Um pôs a mão nas costas do elefante e disse: "É uma parede". Outro pegou na orelha e disse: "é como uma folha de bananeira". O outro pegou na tromba e disse: "É como uma mangueira muito grande". Cada um foi pegando em uma parte e restringindo o conceito do que se tratava aquele enorme animal, o elefante. Nenhum dos cegos abarcou a totalidade do que eles estavam tocando.

É o olhar que define a percepção. Se você tiver os olhos da fé, verá os sinais e a revelação de Deus. Você o verá aparecendo e escrevendo. E você vai entender os sinais, compreender o segredo.

Nossa oração é que Deus abra os seus olhos, dê a você esse olhar de fé para ver os sinais e compreender os mistérios. Que ele desperte em você o desejo de ter os olhos da fé para acionar a realidade do mundo espiritual e, por meio dessa realidade, transformar o mundo físico.

Deus falou sobre você: "Eu o abençoarei. Em você serão abençoadas todas as famílias da terra. Você tem direito à bênção de Abraão".

Sobre o autor

Robson Lemos Rodovalho é ph.D. em Física Quântica e Espiritualidade pela Florida Christian University (FCU), com orientação do professor Gerald Schroeder, do Massachusetts Institute of Technology (MIT).

Físico e teólogo, fez cursos de especialização em Filosofia e Medicina Natural.

É fundador, bispo mundial e presidente do Ministério Sara Nossa Terra, que soma 1,5 milhão de membros entre seguidores no Brasil, em outros países da América do Sul, Europa e norte da África, além dos Estados Unidos.

É casado com Lúcia Rodovalho, também presidente do Ministério Sara Nossa Terra. É pai de três filhos e tem cinco netos.

Foi deputado federal por um único mandato (2007-2010), deixando relevante legado para a sociedade e, em especial, para o segmento cristão evangélico. Entre as suas contribuições, destacam-se as bases da legislação que concedeu isenção fiscal ao microimportador ("sacoleiros"), além da lei que reconhece eventos *gospel* como culturais, concedendo-lhes os benefícios da Lei Rouanet, que garantem financiamento mediante renúncia fiscal.

Em sua carreira de escritor, Rodovalho tem diversos livros publicados. Suas obras tratam, entre outros temas, das batalhas espirituais que travamos contra heranças ruins que recebemos de antepassados e que nos impedem de prosperar na vida; gestão da vida pessoal e empresarial; leis da teoria quântica aplicadas ao conceito moderno de liderança.

Com sua produção de caráter científico, Rodovalho marcou presença por várias semanas no *ranking* de títulos mais vendidos da revista *Veja*, com o livro *Ciência e fé: o reencontro pela física quântica*.

O bispo Robson Rodovalho tem percorrido países da América e da Europa participando de debates de vanguarda voltados para a compreensão da teoria quântica como a ponte entre os mundos da ciência e da fé.

Cantor e compositor, apresenta diariamente, pela TV Gênesis e pela Rádio Sara Brasil FM, o programa "Vida com esperança".

Entre outros títulos, bispo Robson Rodovalho recebeu: Comenda Social Religiosa (2000), *Honoris Causa* em Filosofia, título de membro da Academia Internacional de Cultura de Brasília e Medalha do Mérito Legislativo (2013).

Esta obra foi composta em Adobe Garamond Pro
e impressa por BMF Gráfica e Editora sobre papel
Offset 75 g/m2 para Editora Vida.